Cartas chilenas

Tomás Antônio Gonzaga

TEXTO INTEGRAL

3ª Edição

A ortografia deste livro foi atualizada segundo o Acordo Ortográfico da Língua Portuguesa (1990), que passou a vigorar em 2009.

COLEÇÃO A OBRA-PRIMA DE CADA AUTOR

Cartas chilenas

Tomás Antônio Gonzaga

TEXTO INTEGRAL

MARTIN CLARET

CONSELHO EDITORIAL
Martin Claret

PRODUÇÃO EDITORIAL
Taís Gasparetti

CAPA
Ilustração: Maisei Raman / Shutterstock

MIOLO
Texto de apresentação: Jaqueline Martinho dos Santos / Taís Gasparetti
Revisão: Marcos Ribeiro da Silva / Maria Regina Machado
Projeto gráfico: José Duarte T. de Castro
Editoração eletrônica: Editora Martin Claret
Impressão e acabamento: Paulus Gráfica

Dados Internacionais de Catalogação na Publicação (CIP)
(Câmara Brasileira do Livro, SP, Brasil)

Gonzaga, Tomás Antônio, 1744 -1810.
Cartas chilenas / Tomás Antônio Gonzaga. — 3. ed. — São Paulo: Martin Claret, 2012. — (Coleção a obra-prima de cada autor; 233)

"Texto integral"
ISBN 978-85-7232-735-0

1. Poesia brasileira I. Título. II. Série.

07-7632 CDD-869-91

Índices para catálogo sistemático:

1. Poesia: Literatura brasileira 869-91

EDITORA MARTIN CLARET LTDA.
Rua Alegrete, 62 – Bairro Sumaré – CEP: 01254-010 – São Paulo – SP
Tel.: (11) 3672-8144 – Fax: (11) 3673-7146
www.martinclaret.com.br / editorial@martinclaret.com.br

Impresso em 2012

Sumário

Texto complementar

❖

Apresentação

Arcadismo

O Arcadismo, movimento artístico cujo nome deriva de uma lendária região da Grécia Antiga — a Arcádia —, ocorreu em um contexto de renovação intelectual, conhecido como o Século das Luzes. O estabelecimento do método científico e a valorização da razão ganharam importância na mentalidade intelectual do século XVIII, aliviando o homem da tensão vivida durante o Barroco entre desfrutar os prazeres terrenos e viver segundo a moralidade cristã.

Também denominado Setecentismo ou Neoclassicismo, esse movimento iniciou-se na Itália, espalhando-se, pouco depois, por toda a Europa e para além dela, chegando inclusive ao Brasil. Os poetas desse período, em geral burgueses que compartilhavam dos ideais iluministas da época, buscavam exaltar a vida campestre, retomando conceitos greco-romanos, tais como: *carpe diem* — "colha o dia" —, *fugere urbes* — "fuja da cidade" — e *aurea mediocritas* — que expressa a importância de se viver uma vida mediana em relação aos bens materiais, porém rica em realizações espirituais. Assim, é típica a visão do campo como cenário para o desenvolvimento de amores cândidos entre um pastor e sua pastora; a poesia árcade tem como tema a exaltação desse amor.

No Brasil, o Arcadismo nasceu na cidade de Vila Rica, atual Ouro Preto, em Minas Gerais. Nessa época, Portugal vivia uma fase nova com a política do Marquês de Pombal, e algumas medidas tomadas por ele, com o objetivo de modernizar a economia do reino, trouxeram prejuízos a alguns pequenos burgueses da colônia. Entre esses, dois dos mais representativos poetas árcades, Tomás Antônio Gonzaga e Cláudio Manuel da Costa, os quais, insatisfeitos com os altos impostos cobrados, envolveram-se na insurreição de 1789, a Inconfidência Mineira, sendo presos em decorrência do fracasso do projeto.

O destino de Cláudio Manuel da Costa — segundo o que se conta — foi, ainda em 1789, o suicídio cometido na prisão, enquanto Tomás Antônio Gonzaga, algum tempo depois, foi deportado para Moçambique, onde morreu em 1810.

Sobre o autor

Tomás Antônio Gonzaga nasceu em 1744, na cidade do Porto, em Portugal. Em 1751, seis anos após a morte de sua mãe, mudou-se com o pai para Pernambuco e, em seguida, para a Bahia, onde viveu parte de sua infância e adolescência.

Ainda adolescente, voltou para Portugal e, na Universidade de Coimbra, graduou-se em Direito aos 24 anos de idade. Com o objetivo de lecionar nessa universidade, Gonzaga escreveu *Tratado de direito natural*; porém trocou as pretensões de tornar-se professor universitário pelo ofício de magistrado, exercendo a profissão de juiz de fora na cidade de Beja, em Portugal.

Novamente no Brasil, foi nomeado Ouvidor dos Defuntos e Ausentes na comarca de Vila Rica, a atual Ouro Preto, em Minas Gerais. Lá conheceu Maria Doroteia Joaquina de Seixas, mulher pela qual ele se apaixonaria, e quem se acredita ser "Marília", a *Marília de Dirceu*. Por pertencer ela a uma das famílias mais ricas e tradicionais da região e, além disso, ser bem mais jovem do que Gonzaga — com uma diferença de idade de vinte e três anos —, o romance entre eles foi alvo de crítica pela família da moça. Contudo, a contragosto da família, afirma-se que eles estavam noivos quando, em 1789, ano em que eclodiu a Inconfidência Mineira, Tomás Antônio Gonzaga foi preso e, posteriormente, exilado sob a acusação de ter participado dessa insurreição, juntamente com alguns outros poetas árcades.

No exílio, em Moçambique, onde permaneceu o restante de sua vida, Gonzaga casou-se com Juliana de Souza Mascarenhas, filha de um traficante de escravos, e com ela teve dois filhos.

O estilo de Tomás Antônio Gonzaga

Tomás Antônio Gonzaga foi autor de *Marília de Dirceu* e mais duas obras: *Tratado de direito natural* e *Cartas chilenas*.

A primeira, apesar de ter sido escrita no fim do século XVIII, foi publicada pela primeira vez somente em 1942. Trata-se de uma obra filosófica que serve de entrada para se conhecer as primeiras ideias de Gonzaga. Escrita em homenagem a Marquês de Pombal, em *Tratados de direito natural* são pregados certos valores iluministas. Contudo, a opinião do jovem Gonzaga em relação à monarquia portuguesa não era a mesma da época em que participou da insurreição de 1789.

Já em *Cartas chilenas,* faz-se um relato crítico sobre o governo de Minas Gerais, mas de uma maneira bastante peculiar: Gonzaga cria um personagem denominado Critilo, residente no Chile, que escreve treze cartas ao amigo Doroteu, residente na Espanha, com o intuito de narrar o governo corrupto de Fanfarrão Minésio.

Marília de Dirceu foi sua única obra efetivamente poética. Esta, dividida em três partes publicadas separadamente, apresenta Dirceu, um pastor, que exalta as qualidades de sua amada Marília, retomando conceitos presentes na obra de Horácio, poeta latino do século I a.C., como o *carpe diem* e o *fugere urbes*.

Sobre *Cartas chilenas*

De versos decassílabos brancos, *Cartas chilenas* é um conjunto de treze cartas/poemas de tom satírico que circularam em Vila Rica (atual Ouro Preto-MG), anonimamente, entre 1787 e 1788.

A obra tem como personagens centrais Critilo, habitante de Santiago do Chile, e o amigo Doroteu, residente na Espanha.

Critilo escreve as cartas ao amigo com o intuito de narrar as "peripécias" do governo corrupto de Fanfarrão Minésio.

A autoria das *Cartas chilenas* foi discutida durante muito tempo por críticos e intelectuais. Somente no século XX, com os estudos do crítico e historiador Afonso Arinos e os do filólogo português Rodrigues Lapa, concluiu-se que o autor é Tomás Antônio Gonzaga — e que Critilo seria ele mesmo; Doroteu, Cláudio Manuel da Costa; e Fanfarrão Minésio, Luís da Cunha Meneses, governador de Minas até a Inconfidência Mineira.

Conjectura-se que Tomás Antônio Gonzaga tenha se inspirado na obra *Cartas persas*, do filósofo e escritor francês Montesquieu — também um relato epistolar cujos personagens são dois amigos que escrevem sobre Paris, para criticar seus costumes e suas instituições políticas e religiosas.

Mordaz, agressiva, jocosa, *Cartas chilenas* é a obra satírica mais importante do século XVIII no Brasil. A sátira à mediocridade administrativa e aos desmandos autoritaristas dos governantes enseja um significado político que fez dela índice de uma época e um clássico da nossa literatura.

Cartas chilenas

Em que o poeta Critilo conta a Doroteu os fatos de Fanfarrão Minésio, governador de Chile

Dedicatória aos grandes de Portugal

Ilmos. e Exmos. Senhores,

Apenas concebi a ideia de traduzir na nossa língua e de dar ao prelo as *Cartas chilenas*, logo assentei comigo que V. Exas. haviam de ser os Mecenas a quem as dedicasse. São V. Exas. aqueles de quem os nossos soberanos costumam fiar os governos das nossas conquistas: são por isso aqueles a quem se devem consagrar todos os escritos que os podem conduzir ao fim de um acertado governo.

Dois são os meios por que nos instruímos: um, quando vemos ações gloriosas, que nos despertam o desejo da imitação; outro, quando vemos ações indignas, que nos excitam o seu aborrecimento. Ambos estes meios são eficazes: esta a razão por que os teatros, instituídos para a instrução dos cidadãos, umas vezes nos representam a um herói cheio de virtudes, e outras vezes nos representam a um monstro, coberto de horrorosos vícios.

Entendo que V. Exas. se desejarão instruir por um e outro modo. Para se instruírem pelo primeiro, têm V. Exas. os louváveis exemplos de seus ilustres progenitores. Para se instruírem pelo segundo, era necessário que eu fosse descobrir o Fanfarrão Minésio, em um reino estranho! Feliz reino e felices grandes que não têm em si um modelo destes!

Peço a V. Exas. que recebam e protejam estas *Cartas*. Quando não mereçam a sua proteção pela eloquência com que estão escritas, sempre a merecem pela sã doutrina que respiram e pelo louvável fim com que talvez as escreveu o seu autor Critilo.

Beija as mãos
De V. Exas.
O seu menor criado...

Prólogo

Amigo leitor, arribou a certo porto do Brasil, onde eu vivia, um galeão, que vinha das Américas espanholas. Nele se transportava um mancebo, cavalheiro instruído nas humanas letras. Não me foi dificultoso travar com ele uma estreita amizade, e chegou a confiar-me os manuscritos que trazia. Entre eles encontrei as *Cartas chilenas*, que são um artificioso compêndio das desordens que fez no seu governo Fanfarrão Minésio, general de Chile.

Logo que li estas *Cartas*, assentei comigo que as devia traduzir na nossa língua, não só porque as julguei merecedoras deste obséquio, pela simplicidade do seu estilo, como, também, pelo benefício que resulta ao público, de se verem satirizadas as insolências deste chefe, para emenda dos mais que seguem tão vergonhosas pisadas.

Um D. Quixote pode desterrar do mundo as loucuras dos cavaleiros andantes; um Fanfarrão Minésio pode também corrigir a desordem de um governador despótico.

Eu mudei algumas coisas menos interessantes, para as acomodar melhor ao nosso gosto. Peço-te que me desculpes algumas faltas, pois, se és douto, hás de conhecer a suma dificuldade que há na tradução em verso. Lê, diverte-te e não queiras fazer juízos temerários sobre a pessoa de Fanfarrão. Há muitos fanfarrões no mundo, e talvez que tu sejas também um deles, etc.

... Quid rides? mutato nomine, de te fabula narratur...
Horat. *Sat.* I, versos 69 e 70.

Epístola a Critilo

Vejo, ó Critilo, do chileno chefe
Tão bem pintada a história nos teus versos,
Que não sei decidir qual seja a cópia,
Qual seja o original. Dentro em minha alma
Que diversas paixões, que afetos vários
A um tempo se suscitam! Gelo e tremo,
Umas vezes de horror, de mágoa e susto;
Outras vezes do riso apenas posso
Resistir aos impulsos. Igualmente
Me sinto vacilar entre os combates
Da raiva e do prazer. Mas ah! que disse!
Eu retrato a expressão, nem me subscrevo
Ao sufrágio daquele que assim pensa,
Alheio da razão, que me surpreende.
Trata-se aqui da humanidade aflita;
Exige a natureza os seus deveres.
Nem da mofa ou do riso pode a ideia
Jamais nutrir-se, enquanto aos olhos nossos
Se propõe do teu chefe a infame história.
Quem me dirá que da estultice as obras
Infestas à virtude e dirigidas
A despertar o escândalo conseguem,
No prudente varão, mover o riso?
Eu vejo que um Calígula se empenha
Em fazer que de Roma ao Consulado

Se jure o seu cavalo por colega.
Vejo que os cidadãos e as tropas arma
O filho de Agripina, que os transporta
Em grossos vasos sobre o Tibre e logo
Por inimigos lhes assina os matos,
Que atacar manda com guerreiro estrondo.
Direi que me recreia esta loucura?
Que devo rir-me e sufocar o pranto
Que pula dos meus olhos? Não, Critilo,
Não é esta a moção que n'alma provo.
Por entre estes delírios, insensível,
Me conduz a razão, brilhante e sábia,
A gemer igualmente na desgraça
Dos míseros vassalos, que honrar devem
De um tirano o poder, o trono, o cetro.
Se Talia e Melpômene nos pintam,
Nos seus teatros, as paixões humanas,
Ao ridículo gesto, ou ao semblante
Da cena que o coturno me apresenta,
Eu me conformo ao interesse, quando
Aborreço a maldade e quando rendo
À formosa virtude os dignos votos.
Despedace Medeia os caros filhos,
Guise Atreu de seus netos as entranhas,
Eu terei sempre horror às impiedades.
Jamais da irreligião, da fé mentida
Me hão de enganar os pérfidos rebuços,
Ou da fingida cena os vãos adornos.
Devo pois confessar, Critilo amado,
Que teus escritos, de uma idade a outra
Passarão, sempre de esplendor cingidos;
Que a humanidade, enfim, desagravada
Das injúrias que sofre, por teu braço,
Os ferros soltará, que desafrouxa,
Tintos do fresco, gotejado sangue.

Súditos infelices, que provastes
Os estragos da bárbara desordem,
Respirai, respirai: ao benefício
Deveis do bom Critilo a paz suave,
Que a vossa liberdade, alegre, goza.

Sim, Critilo, são estes os agouros
Que, lendo a tua história, ao mundo faço:
De pejo e de vergonha os bons monarcas,
Que pias intenções sempre alimentam
De reger como filhos os seus povos,
Tocados se verão. Prudentes, sábios,
Consultarão primeiro sobre a escolha
Daqueles chefes, que a remotos climas
Determinam mandar, deles fiando
A importante porção do seu governo;
Prevenidos que a vã, brutal soberba
Só nas obras influi destes monstros,
Pelo escrutínio da virtude espero
Que regulados os seus votos sejam.

De uma estéril, mortal genealogia,
Que o mérito produz de seus maiores,
Eles, amigo, argumentar não devem
Propalados talentos. A virtude
Nem sempre aos netos, por herança, desce.
Pode o pai ser piedoso, sábio e justo,
Manso, afável, pacífico e prudente:
Não se segue daí que um ímpio filho,
Perverso, infame, díscolo e malvado,
Não desordene de seus pais a glória.
Nem sempre as águias de outras águias nascem,
Nem sempre de leões, leões se geram,
Quantas vezes as pombas e os cordeiros
São partos dos leões, das águias partos!

Para reger, ó reis, os vossos povos,
Debalde ides buscar brasões e escudos
Entre os vossos dinastas. Roma, Roma
As fasces, as secures, mais as outras
Imperiais insígnias só tirava
Da provada virtude. Se das togas
Distinguia uma e outra espécie, Atenas
É quem a todas o caráter dava.
Igualmente civil jurisconsulto
Que instruído guerreiro, era mandado
Um cidadão, que da província as rédeas
Manejasse, fiel. Daqui os Fábios,
Daqui os Cipiões e os bons Emílios,
Os Césares daqui, que os fastos ornam.
Que diferentes, hoje, os nossos grandes!

É filho do marquês, do conde é filho,
Vá das Índias reger vasto império.
Ó Deus! e que infelices os vassalos
Que, tão longe do trono, prostitui
O vosso império aos abortivos chefes!
Lá vai aquele, que de avara sede
É por gênio arrastado: que tesouros
Não espera ajuntar! Do alheio cofre
Se há de esgotar a aferrolhada soma.
Desgraçada Justiça! Da igualdade
Tu não sabes o ponto: é a balança
Do interesse que só por ti decide.
Que despachos injustos, que dispensas,
Que mercês e que postos não se compram
Ao grave peso de selada firma!

Outro vai que, lascivo e desenvolto,
Só da carne as paixões adora e segue.
Honras, decoros, vós sereis despojos
Do seu bruto apetite. Em vão, cansados

Pais de família, zelareis vós outros
Da vossa casa o pundonor herdado.
Aos vis ataques do atrevido orgulho
Hão de ceder as prevenções mais fortes;
Vítimas da voraz sensualidade
Vossas filhas serão, vossas mulheres.
Que direi do soberbo, do vaidoso,
Do colérico e de outros vários monstros,
Que freio algum não conhecendo, passam
A sustentar no autorizado cargo
Tudo quanto a paixão lhes dita e manda!

Não sofre aquele que o vassalo oculte
Os cabedais que à sua indústria deve,
E que a seus filhos e a seus netos possa
Deixar, morrendo, uma opulenta herança.
Um falso crime lhe figura, aonde
Esgote as forças, que levar procura
Além das frias, apagadas cinzas.
Este medita que a nobreza ilustre
Sufocada se veja. A prisão dura,
O distante degredo é que promete
Da prevista vingança o fim prescrito.
Ó senhores! ó reis! ó grandes! quanto
São para nós as vossas leis inúteis!
Mandais debalde, sem julgada culpa,
Que o vosso chefe, a arbítrio seu, não possa
Exterminar os réus, punir os ímpios.
É c'os ministros de menor esfera
Que falam vossas leis. Nos chefes vossos
Somente o despotismo impera e reina.
Gozar da sombra do copado tronco
É só livre ao que perto tem o abrigo
Dos seus ramos frondosos. Se se aparta
Da clara fonte, o passageiro prova
Turbadas águas em maior distância.

Mas ah! Critilo meu, que eu estou vendo,
Que já chegam a ler as cartas tuas:
Estes bárbaros monstros são cobertos
De vivo pejo, ao ver os seus delitos,
Que em tão disforme vulto hoje aparecem.

Destro pintor, em um só quadro a muitos
Soubeste descrever. Sim, que o teu chefe
As maldades de todos compreende:
Aqui vê-se o soberbo, que pensando
Do resto dos mais homens nada serem
Mais que humildes insetos, só de fúrias
Nutre o vil coração, e a seus pés calca
A pobre humanidade. Aqui se encontra
O ímpio, o libertino, que ultrajando
Tudo que é sagrado, tem por timbre
Ao público mostrar que o santo culto
Que nos intima a religião somente
Aos pequenos obriga, e que por arte
Os conserva a ilusão no fanatismo,
Por que da obediência às leis se dobrem;
Aqui se acha o lascivo; é o vaidoso,
É o estúpido, enfim é o demente
O que ao vivo aparece nesta empresa.

Tu, severo Catão, tu repreendes
Com teu mudo semblante a pátria Roma.
Nem seus teatros de lascívia cheios
Sofrem teus olhos nobremente irados.
Pede o congresso, de terror ferido,
Que o rígido censor o circo deixe
Ou que se não produza a torpe cena.

Este, ó Critilo, o precioso efeito
Dos teus versos será: como em espelho,
Que as cores toma e que reflete a imagem,

Os ímpios chefes de uma igual conduta
A ele se verão, sendo arguidos
Pela face brilhante da virtude,
Que, nos defeitos de um, castiga a tantos.
Lições prudentes, de um discreto aviso,
No mesmo horror do crime, que os infama,
Teus escritos lhes deem. Sobrada usura
É este o prêmio das fadigas tuas.

Eles dirão, voltando-se a Critilo:
Quanto devemos, ó censor fecundo,
Ao castigado metro, com que afeias
Nossos delitos, e buscar nos fazes
Da cândida virtude a sã doutrina!

❖

CARTA 1ª

Em que se descreve a entrada que fez Fanfarrão em Chile

Amigo Doroteu, prezado amigo,
Abre os olhos, boceja, estende os braços
E limpa das pestanas carregadas
O pegajoso humor, que o sono ajunta.
Critilo, o teu Critilo é quem te chama;
Ergue a cabeça da engomada fronha,
Acorda, se ouvir queres coisas raras.
"Que coisas (tu dirás), que coisas podes
Contar que valham tanto, quanto vale
Dormir a noite fria em mole cama,
Quando salta a saraiva nos telhados
E quando o sudoeste e outros ventos
Movem dos troncos os frondosos ramos?"

É doce este descanso, não to nego.
Também, prezado amigo, também gosto
De estar amadornado, mal ouvindo
Das águas despenhadas brando estrondo,
E vendo, ao mesmo tempo, as vãs quimeras,
Que então me pintam os ligeiros sonhos.
Mas, Doroteu, não sintas que te acorde;
Não falta tempo em que do sono gozes:
Então verás leões com pés de pato,

Verás voarem tigres e camelos,
Verás parirem homens e nadarem
Os roliços penedos sobre as ondas.
Porém que têm que ver estes delírios
C'os sucessos reais, que vou contar-te?
Acorda, Doroteu, acorda, acorda;
Critilo, o teu Critilo é quem te chama:
Levanta o corpo das macias penas;
Ouvirás, Doroteu, sucessos novos,
Estranhos casos, que jamais pintaram
Na ideia do doente, ou de quem dorme,
Agudas febres, desvairados sonhos.

Não és tu, Doroteu, aquele mesmo
Que pedes que te diga se é verdade
O que se conta dos barbados monos
Que à mesa trazem os fumantes pratos?
Não desejas saber se há grandes peixes,
Que abraçando os navios com as longas,
Robustas barbatanas, os suspendem,
Inda que o vento, que d'alheta sopra,
Lhes inche os soltos, desrinzados panos?
Não queres que te informe dos costumes
Dos incultos gentios? Não perguntas
Se entre eles há nações que os beiços furam
E outras que matam, com piedade falsa,
Os pais, que afrouxam ao poder dos anos?
Pois se queres ouvir notícias velhas,
Dispersas por imensos alfarrábios,
Escuta a história de um moderno chefe,
Que acaba de reger a nossa Chile,
Ilustre imitador a Sancho Pança.
E quem dissera, amigo, que podia
Gerar segundo Sancho a nossa Espanha!

Não cuides, Doroteu, que vou contar-te
Por verdadeira história uma novela
Da classe das patranhas, que nos contam
Verbosos navegantes, que já deram
Ao globo deste mundo volta inteira.
Uma velha madrasta me persiga,
Uma mulher zelosa me atormente,
E tenha um bando de gatunos filhos,
Que um chavo não me deixem, se este chefe
Não fez ainda mais do que eu refiro.

Ora pois, doce amigo, vou pintá-lo
Da sorte que o topei a vez primeira;
Nem esta digressão motiva tédio
Como aquelas que são dos fins alheias,
Que o gesto, mais o traje nas pessoas
Faz o mesmo que fazem os letreiros
Nas frentes enfeitadas dos livrinhos,
Que dão do que eles tratam, boa ideia.
Tem pesado semblante, a cor é baça,
O corpo de estatura um tanto esbelta,
Feições compridas e olhadura feia;
Tem grossas sobrancelhas, testa curta,
Nariz direito e grande, fala pouco
Em rouco, baixo som de mau falsete;
Sem ser velho, já tem cabelo ruço,
E cobre este defeito e fria calva
À força de polvilho, que lhe deita.
Ainda me parece que o estou vendo
No gordo rocinante escarranchado,
As longas calças pelo embigo atadas,
Amarelo colete e sobretudo
Vestida uma vermelha e justa farda.
De cada bolso da fardeta pendem
Listradas pontas de dois brancos lenços;
Na cabeça vazia se atravessa

Um chapéu desmarcado; nem sei como
Sustenta a pobre só do laço o peso.
Ah! tu, Catão severo, tu que estranhas
O rir-se um cônsul moço, que fizeras
Se em Chile agora entrasses e se visses
Ser o rei dos peraltas quem governa?
Já lá vai, Doroteu, aquela idade
Em que os próprios mancebos, que subiam
À honra do governo, aos outros davam
Exemplos de modéstia, até nos trajes.
Deviam, Doroteu, morrer os povos,
Apenas os maiores imitaram
Os rostos e os costumes das mulheres,
Seguindo as modas e rapando as barbas.

Os grandes do país, com gesto humilde,
Lhe fazem, mal o encontram, seu cortejo;
Ele, austero, os recebe, só se digna
Afrouxar do toutiço a mola um nada,
Ou pôr nas abas do chapéu os dedos.
Caminha atrás do chefe um tal Robério,
Que entre os criados tem respeito de aio:
Estatura pequena, largo o rosto,
Delgadas pernas e pançudo ventre,
Sobejo de ombros, de pescoço falto;
Tem de pisorga as cores, e conserva
As bufantes bochechas sempre inchadas.
Bem que já velho seja, inda presume
De ser aos olhos das madamas grato,
E o demo lhe encaixou que tinha pernas
Capazes de montar no bom ginete
Que rincha no Parnaso. Pobre tonto!
Quem te mete em camisas de onze varas?
Tu só podes cantar, em coxos versos
E ao som da má rabeca, com que atroas
Os feitos do teu amo e os seus despachos.

Ao lado de Robério, vem Matúsio,
Que respira do chefe o modo e o gesto.
É peralta rapaz de tesas gâmbias,
Tem cabelo castanho e brancas faces;
Tem um ar de *mylord* e a todos trata
Como a inúteis bichinhos; só conversa
Com o rico rendeiro, ou quem lhe conta
Das moças do país as frescas praças.
Dos bolsos da casaca dependura
As pontas perfumadas dos lencinhos,
Que é sinal, ou caráter, que distingue
Aos serventes das casas dos mais homens,
Assim como as famílias se conhecem
Por herdados brasões de antigas armas.

Montado em nédia mula vem um padre,
Que tem de capelão as justas honras.
Formou-se em Salamanca, é homem sábio.
Já do mistério do Pilar, um dia,
Um sermão recitou, que foi um pasmo.
Labregão no feitio e meio idoso,
Tem olhos encovados, barba tesa,
Fechadas sobrancelhas, rosto fusco,
Cangalhas no nariz. Ah! quem dissera
Que num corpo, que tem de nabo a forma,
Haviam pôr os céus tão grande caco!

O resto da família é todo o mesmo,
Escuso de pintá-lo. Tu bem sabes
Um rifão que nos diz que dos domingos
Se tiram muito bem os dias santos.
Ah! pobre Chile, que desgraça esperas!
Quanto melhor te fora se sentisses
As pragas, que no Egito se choraram,
Do que veres que sobe ao teu governo
Carrancudo casquilho, a quem rodeiam

Os néscios, os marotos e os peraltas!

Seguido, pois, dos grandes entra o chefe
No nosso Santiago, junto à noite.
A casa me recolho e cheio destas
Tristíssimas imagens, no discurso
Mil coisas feias, sem querer, revolvo.
Por ver se a dor divirto, vou sentar-me
Na janela da sala e ao ar levanto
Os olhos já molhados. Céus, que vejo!
Não vejo estrelas que, serenas, brilhem,
Nem vejo a lua que prateia os mares:
Vejo um grande cometa, a quem os doutos
"Caudato" apelidaram. Este cobre
A terra toda c'o disforme rabo.
Aflito o coração no peito bate,
Eriça-se o cabelo, as pernas tremem,
O sangue se congela e todo o corpo
Se cobre de suor — tal foi o medo.
Ainda bem o acordo não restauro,
Quando logo me lembra que este dia
É o dia fatal, em que se entende
Que andam, no mundo, soltos os diabos.
Não rias, Doroteu, dos meus agouros;
Os antigos romanos foram sábios,
Tiveram agoureiros: estes mesmos
Muitas vezes choraram, por tomarem
Os avisos celestes como acasos.
Ajuntavam-se os grandes desta terra,
À noite, em casa do benigno chefe
Que o governo largou. Aqui, alegres,
Com ele se entretinham largas horas;
Depostos os melindres da grandeza,
Fazia a humanidade os seus deveres
No jogo e na conversa deleitosa.
A estas horas entra o novo chefe

Na casa do recreio e, reparando
Nos membros do congresso, a testa enruga,
E vira a cara, como quem se enoja.
Por que os mais junto dele não se assentem,
Se deixa em pé ficar a noite inteira.
Não se assenta, civil, da casa o dono;
Não se assenta, que é mais, a ilustre esposa,
Não se assenta, também, um velho bispo,
E a exemplo destes, o congresso todo.

Pensavas, Doroteu, que um peito nobre,
Que teve mestres, que habitou na corte,
Havia praticar ação tão feia
Na casa respeitável de um fidalgo,
Distinto pelo cargo que exercia
E, mais ainda, pelo sangue herdado?
Pois ainda, caro amigo, não sabias
Quanto pode a tolice e vã soberba.
Parece, Doroteu, que algumas vezes
A sábia natureza se descuida.
Devera, doce amigo, sim, devera
Regular os natais conforme os gênios.
Quem tivesse as virtudes de fidalgo,
Nascesse de fidalgo, e quem tivesse
Os vícios de vilão, nascesse embora,
Se devesse nascer, de algum lacaio,
Como as pombas, que geram fracas pombas,
Como os tigres, que geram tigres bravos.
Ah! se isto, Doroteu, assim sucede,
Estava o nosso chefe mesmo ao próprio
Para nascer sultão do Turco Império,
Metido entre vidraças, reclinado
Em coxins de veludo e vendo as moças,
Que de todas as partes o cercavam,
Coçando-lhe umas, levemente, as pernas
E as outras abanando-o com toalhas:

Só assim, Doroteu, o nosso chefe
Ficaria de si um tanto pago.

Chegou-se o dia da funesta posse:
Mal os grandes se ajuntam, desce a escada
E, sem mover cabeça, vai meter-se
Debaixo do lustroso e rico pálio.
Caminham todos juntos para o templo,
Um salmo se repete, em doce coro,
A que ele assiste, desta sorte inchado:
Entesa mais que nunca o seu pescoço,
Em ar de minuete o pé concerta
E arqueia o braço esquerdo sobre a ilharga.
Eis aqui, Doroteu, o como param
Os maus comediantes, quando fingem
As pessoas dos grandes, nos teatros.
Acabada a função, a casa volta
(Os grandes o acompanham, descontentes),
Co'a mesma pompa com que foi ao templo.
Tu já viste ministro carrancudo,
A quem os tristes pertendentes cercam,
Quando no régio tribunal se apeia,
Que, bem que humildes em tropel o sigam,
Não para, não responde, não corteja?
Tu já viste o casquilho, quando sobe
À casa em que se canta e em que se joga,
Que deixa à porta as bestas e os lacaios,
Sem sequer se lembrar que venta e chove?
Pois assim nos tratou o nosso chefe:
Mal à porta chegou do chefe antigo,
Com ele se recolhe, e até ao mesmo
Luzido, nobre corpo do Senado
Não fala, não corteja, nem despede.
Da sorte que o lacaio a sege arruma
Por não tomar a rua às outras seges,
Assim os cidadãos o pálio encostam

Ao batente da porta, e, quais lacaios,
Na rua, esperam que seu amo desça,
Ou, a ele ficar, que os mande embora.

À vista desta ação indigna e feia,
Todo o congresso se confunde e pasma.
Sobe às faces de alguns a cor rosada,
Perdem outros a cor das roxas faces:
Louva este o proceder do chefe antigo,
Aquele o proceder do novo estranha,
E os que podem vencer do gênio a força
Aos mais escutam, sem dizer palavra.

São estes, louco chefe, os sãos exemplos
Que na Europa te dão os homens grandes?
Os mesmos reis não honram aos vassalos?
Deixam de ser, por isso, uns bons monarcas?
Como errado caminhas! O respeito
Por meio das virtudes se consegue
E nelas se sustenta. Nunca nasce
Do susto e do temor, que aos povos metem
injúrias, descortejos e carrancas.

Findou-se, Doroteu, a longa história
Da entrada deste chefe. Agora vamos,
Que é tempo, descansar um breve instante.
Nas outras contarei, prezado amigo,
Os fatos que ele obrou no seu governo,
Se acaso os justos céus quiserem dar-me.
Para tanto escrever, papel e tempo.

CARTA 2ª

Em que se mostra a piedade que Fanfarrão fingiu no princípio do seu governo, para chamar a si todos os negócios

As brilhantes estrelas já caíam
E a vez terceira os galos já cantavam,
Quando, prezado amigo, punha o selo
Na volumosa carta, em que te conto
Do nosso imortal chefe a grande entrada;
E refletindo, então, ser quase dia,
A despir-me começo, com tal ânsia,
Que entendo que inda estava o lacre quente,
Quando eu já, sobre os membros fatigados,
Cuidadoso, estendia a grossa manta.

Não cuides, Doroteu, que brandas penas
Me formam o colchão macio e fofo;
Não cuides que é de paina a minha fronha
E que tenho lençóis de fina holanda,
Com largas rendas sobre os crespos folhos;
Custosos pavilhões, dourados leitos
E colchas matizadas, não se encontram
Na casa mal provida de um poeta,
Aonde há dias que o rapaz que serve
Nem na suja cozinha acende o fogo.
Mas, nesta mesma cama, tosca e dura,

Descanso mais contente do que dorme
Aquele que só põe o seu cuidado
Em deixar a seus filhos o tesouro
Que ajunta, Doroteu, com mão avara,
Furtando ao rico e não pagando ao pobre.
Aqui... mas onde vou, prezado amigo?
Deixemos episódios que não servem,
E vamos prosseguindo a nossa história.

Fui deitar-me ligeiro, como disse;
E mal estendo nos lençóis o corpo,
Dou um sopro na vela, os olhos fecho
E pelos dedos rezo a muitos santos,
Por ver se chega mais depressa o sono,
Conselho que me deram sábias velhas.
Já, meu bom Doroteu, o sono vinha:
Umas vezes dormindo, ressonava,
Outras vezes, rezando, inda bulia
Com os devotos beiços, quando sinto
Passar um carro, que me abala o leito.
Assustado desperto, os olhos abro
E, conhecendo a causa que me acorda,
Um tanto impaciente o corpo viro,
Fecho os olhos de novo e cruzo os braços,
Para ver se outra vez me torna o sono.
Segunda vez o sono já tornava,
Quando o estrondo percebo de outro carro;
Outra vez, Doroteu, o corpo volto,
Outra vez me agasalho, mas que importa?
Já soam dos soldados grossos berros,
Já tinem as cadeias dos forçados,
Já chiam os guindastes, já me atroam
Os golpes dos machados e martelos
E, ao pé de tanta bulha, já não posso
Mais esperança ter de algum sossego.

Salto fora da cama, acendo a vela,
À banca vou sentar-me exasperado,
E, por ver se entretenho as longas horas,
Aparo a minha pena, o papel dobro
E com mão que ainda treme de cansada,
Não sei, prezado amigo, o que te escrevo.
Só sei que o que te escrevo são verdades
E que vêm muito bem ao nosso caso.

Apenas, Doroteu, o nosso chefe
As rédeas manejou do seu governo,
Fingir nos intentou que tinha uma alma
Amante da virtude. Assim foi Nero.
Governou aos romanos pelas regras
Da formosa justiça, porém logo
Trocou o cetro de ouro em mão de ferro.
Manda, pois, aos ministros lhe deem listas
De quantos presos as cadeias guardam:
Faz a muitos soltar e aos mais alenta
De vivas, bem fundadas esperanças.
Estranha ao subalterno, que se arroga
O poder castigar ao delinquente
Com troncos e galés; enfim ordena
Que aos presos, que em três dias não tiverem
Assentos declarados, se abram logo
Em nome dele, chefe, os seus assentos.

Aquele, Doroteu, que não é santo,
Mas quer fingir-se santo aos outros homens,
Pratica muito mais do que pratica
Quem segue os sãos caminhos da verdade.
Mal se põe nas igrejas, de joelhos,
Abre os braços em cruz, a terra beija,
Entorta o seu pescoço, fecha os olhos,
Faz que chora, suspira, fere o peito
E executa outras muitas macaquices,

Estando em parte onde o mundo as veja.
Assim o nosso chefe, que procura
Mostrar-se compassivo, não descansa
Com estas poucas obras: passa a dar-nos
Da sua compaixão maiores provas.

Tu sabes, Doroteu, qual seja o crime
Dos soldados que furtam aos soldados,
E sabes muito bem que pena incorram
Aqueles que viciam ouro e prata.
Agora, Doroteu, atende o como
Castiga o nosso chefe em um sujeito
Estes graves delitos, que reputa
Ainda menos do que leves faltas.

Apanha um militar aos camaradas
Do soldo uma porção. Astuto e destro,
Para não se sentir o grave furto,
Mistura nos embrulhos, que lhes deixa,
Igual quantia de metal diverso.
Faz-se queixa ao bom chefe deste insulto,
Sim, faz-se ao chefe queixa, mas debalde,
Que este Hércules não cinge a grossa pele
Nem traz na mão robusta a forte clava,
Para guerra fazer aos torpes Cacos.

Já leste, Doroteu, a *Dom Quixote*?
Pois eis aqui, amigo, o seu retrato;
Mas diverso nos fins, que o doido Mancha
Forceja por vencer os maus gigantes
Que ao mundo são molestos, e este chefe
Forceja por suster no seu distrito
Aqueles que se mostram mais velhacos.
Não pune, doce amigo, como deve,
Das sacrossantas leis a grave ofensa;
Antes, benigno, manda ao bom Matúsio

Que, do seu ouro próprio, se ressarça
Aos aflitos roubados toda a perda.
Já viste, Doroteu, igual desordem?
O dinheiro de um chefe, que a lei guarda,
Acode aos tristes órfãos e às viúvas;
Acode aos miseráveis, que padecem
Em duras, rotas camas, e socorre,
Para que honradas sejam, as donzelas;
Porém não paga furtos, por que fiquem
Impunes os culpados, que se devem,
Para exemplo, punir com mão severa.

Envia, Doroteu, vizinho chefe
Ao nosso grande chefe outro soldado,
Por vários crimes convencido e preso.
Lança-se o tal soldado de joelhos
Aos pés do seu herói, suspira e treme:
Não nega que ferira e que matara,
Mas pede que lhe valha a mão piedosa
Que tudo pode, que ele aperta e beija.
Pergunta-lhe o bom chefe se os seus crimes
Divulgados estão, e o camarada,
Com semblante já leve, lhe responde
Que suas graves culpas foram feitas
Em sítios mui distantes desta praça.
Então, então o chefe, compassivo,
Manda tirar os ferros dos seus braços,
Dá-lhe um salvo-conduto, com que possa,
Contanto que na terra não se saiba,
fazer impunemente insultos novos.

Caminha, Doroteu, à força um negro,
Conforme as leis do reino bem julgado.
Tu sabes, Doroteu, que o próprio Augusto
Estas fatais sentenças não revoga
Sem um justo motivo, em que se firme

Do seu perdão a causa. Também sabes
Que estas mesmas mercês se não concedem
Senão por um decreto, em que se expende
Que o sábio rei usou, por moto-próprio,
Do mais alto poder que vem do cetro.
Agora, Doroteu, atende e pasma:
Por um simples despacho, manda o chefe
Que o triste padecente se recolha.
Assenta: vale tanto, lá na corte,
Um grande — *el-Rei* — impresso, quanto vale
Em Chile, um — *Como pede* — e o seu garrancho.

Aonde, louco chefe, aonde corres
Sem tino e sem conselho? Quem te inspira
Que remitir as penas é virtude?
E, ainda a ser virtude, quem te disse
Que não é das virtudes que só pode,
Benigna, exercitar a mão augusta?
Os chefes, bem que chefes, são vassalos,
E os vassalos não têm poder supremo.
O mesmo grande Jove, que modera
O mar, a terra e o céu, não pode tudo,
Que ao justo só se estende o seu império.

O povo, Doroteu, é como as moscas
Que correm ao lugar, aonde sentem
O derramado mel; é similhante
Aos corvos e aos abutres, que se ajuntam
Nos ermos, onde fede a carne podre.
À vista, pois, dos fatos, que executa
O nosso grande chefe, decisivos
Da piedade que finge, a louca gente
De toda a parte corre a ver se encontra
Algum pequeno alívio à sombra dele.
Não viste, Doroteu, quando arrebenta
Ao pé de alguma ermida a fonte santa,

Que a fama logo corre, e todo o povo
Concebe que ela cura as graves queixas?
Pois desta sorte entende o néscio vulgo
Que o nosso general lugar-tenente,
Em todos os delitos e demandas,
Pode de absolvição lavrar sentenças.
Não há livre, não há, não há cativo
Que ao nosso Santiago não concorra.
Todos buscam ao chefe e todos querem,
Para serem bem-vistos, revestir-se
Do triste privilégio de mendigos.
Um as botas descalça, tira as meias
E põe no duro chão os pés mimosos;
Outro despe a casaca mais a veste
E de vários molambos mal se cobre;
Este deixa crescer a ruça barba,
Com palhas de alhos se defuma aquele;
Qual as pernas emplastra e move o corpo
Metendo nos sovacos as muletas;
Qual ao torto pescoço dependura,
Despido, o braço que só cobre o lenço;
Uns com bordão apalpam o caminho,
Outros, um grande bando lhe apresentam
De sujas moças, a quem chamam filhas.
Já foste, Doroteu, a um convento
De padres franciscanos, quando chegam
As horas de jantar? Passaste, acaso,
Por sítio em que morreu mineiro rico,
Quando da casa sai pomposo enterro?
Pois eis aqui, amigo, bem pintada
A porta, mais a rua deste chefe
Nos dias de audiência. Oh! quem pudera
Nestes dias meter-se um breve instante,
A ver o que ali vai na grande sala!
Escusavas de ler os entremezes,
Em que os sábios poetas introduzem,

Por interlocutores, chefes asnos.
Um pede, Doroteu, que lhe dispense
Casar com uma irmã da sua amásia;
Pede outro que lhe queime o mau processo,
Onde está criminoso, por ter feito
Cumprir exatamente um seu despacho;
Diz este que os herdeiros não lhe entregam
Os bens que lhe deixou, em testamento,
Um filho de Noé; aquele ralha
Contra os mortos juízes, que lhe deram,
Por empenhos e peitas, a sentença,
Em que toda a fazenda lhe tiraram;
Um quer que o devedor lhe pague logo;
Outro, para pagar, pertende espera;
Todos, enfim, concluem que não podem
Demandas conservar, por serem pobres,
E grandes as despesas, que se fazem
Nas casas dos letrados e cartórios.
Então o grande chefe, sem demora,
Decide os casos todos que lhe ocorrem,
Ou sejam de moral, ou de direito,
Ou pertençam também à medicina,
Sem botar (que ainda é mais) abaixo um livro
Da sua sempre virgem livraria.
Lá vai uma sentença revogada,
Que já pudera ter cabelos brancos;
Lá se manda que entreguem os ausentes
Os bens ao sucessor, que não lhes mostra
Sentença que lhe julgue a grossa herança.
A muitos, de palavra, se decreta
Que em pedir os seus bens não mais prossigam;
A outros se concedem breves horas
Para pagarem somas que não devem.
Ah! tu, meu Sancho Pança, tu que foste
Da Baratária o chefe, não lavraste
Nem uma só sentença tão discreta!

E que queres, amigo, que suceda?
Esperavas, acaso, um bom governo
Do nosso Fanfarrão? Tu não o viste
Em trajes de casquilho, nessa corte?
E pode, meu amigo, de um peralta
Formar-se, de repente, um homem sério?
Carece, Doroteu, qualquer ministro
Apertados estudos, mil exames.
E pode ser o chefe onipotente
Quem não sabe escrever uma só regra
Onde, ao menos, se encontre um nome certo?
Ungiu-se, para rei do povo eleito,
A Saul, o mais santo que Deus via.
Prevaricou Saul, prevaricaram,
No governo dos povos, outros justos.
E há de bem governar remotas terras
Aquele que não deu, em toda a vida,
Um exemplo de amor à sã virtude?
As letras, a justiça, a temperança
Não são, não são morgados que fizesse
A sábia natureza, para andarem,
Por sucessão nos filhos dos fidalgos.
Do cavalo andaluz, é, sim, provável
Nascer também um potro de esperança,
Que tenha frente aberta, largos peitos,
Que tenha alegres olhos e compridos,
Que seja, enfim, de mãos e pés calçado;
Porém de um bom ginete também pode
Um catralvo nascer, nascer um zarco.
Aquele mesmo potro, que tem todos
Os formosos sinais que aponta o Rego,
Carece, Doroteu, correr em roda
Do grande picadeiro muitos meses,
Para um e outro lado, necessita
Que o destro picador lhe ponha a sela
E que, montando nele, pouco a pouco,
O faça obedecer ao leve toque

Do duro cabeção, da branda rédea.
Dos mesmos, Doroteu... Porém já toca
Ao almoço a garrida da cadeia:
Vou ver se dormir posso, enquanto duram
Estes breves instantes de sossego,
Que, sem barriga farta e sem descanso,
Não se pode escrever tão longa história.

❖

CARTA 3ª

Em que se contam as injustiças e violências que Fanfarrão executou por causa de uma cadeia, a que deu princípio

Que triste, Doroteu, se pôs a tarde!
Assopra o vento sul, e densa nuvem
Os horizontes cobre; a grossa chuva,
Caindo das biqueiras dos telhados,
Forma regatos, que os portais inundam.
Rompem os ares colubrinas fachas
De fogo devorante, e ao longe soa
De compridos trovões o baixo estrondo.
Agora, Doroteu, ninguém passeia,
Todos em casa estão, e todos buscam
Divertir a tristeza que nos peitos
Infunde a tarde, mais que a noite feia.
O velho Alcimidonte, certamente,
Tem postas nos narizes as cangalhas
E, revolvendo os grandes, gordos livros,
C'os dedos inda sujos de tabaco,
Ajunta ao mau processo muitas folhas
De vãs autoridades carregadas.
O nosso bom Dirceu talvez que esteja
Com os pés escondidos no capacho,
Metido no capote, a ler gostoso,
O seu Vergílio, o seu Camões e Tasso.
O terno Floridoro, a estas horas,

No mole espreguiceiro se reclina
A ver brincar, alegres, os filhinhos:
Um já montado na comprida cana
E outro pendurado no pescoço
Da mãe formosa, que, risonho, abraça.
O gordo Josefino está deitado,
Nada lhe importa, nem do mundo sabe;
Ao som do vento, dos trovões e chuva,
Como em noite tranquila, dorme e ronca;
O nosso Damião, enfim, abana
Ao lento fogo com que, sábio, tira
Os úteis sais da terra; e o teu Critilo,
Que não encontra, aqui, com quem murmure,
Quando só murmurar lhe pede o gênio,
Pega na pena e desta sorte voa
De cá, tão longe, a murmurar contigo.
Já disse, Doroteu, que o nosso chefe,
Apenas principia a governar-nos,
Nos pertende mostrar que tem um peito
Muito mais terno e brando do que pedem
Os severos ofícios do seu cargo.
Agora, cuidarás, prezado amigo,
Que as chaves das cadeias já não abrem,
Comidas da ferrugem? Que as algemas,
Como trastes inúteis, se furtaram?
Que o torpe executor das graves penas
Liberdade ganhou? Que já não temos
Descalços guardiães, que à fonte levem,
Metidos nas correntes, os forçados?
Assim, prezado amigo, assim devia
Em Chile acontecer, se o nosso chefe
Tivesse, em governar, algum sistema.
Mas, meu bom Doroteu, os homens néscios
Às folhas dos olmeiros se comparam:
São como o leve fumo, que se move
Para partes diversas, mal os ventos

Começam a apontar, de partes várias.
Ora, pois, doce amigo, atende o como
No seu contrário vício, degenera
A falsa compaixão do nosso chefe,
Qual o sereno mar, que, num instante,
As ondas sobre as ondas encapela.

Pertende, Doroteu, o nosso chefe
Erguer uma cadeia majestosa,
Que possa escurecer a velha fama
Da torre de Babel e mais dos grandes,
Custosos edifícios que fizeram,
Para sepulcros seus, os reis do Egito.
Talvez, prezado amigo, que imagine
Que neste monumento se conserve,
Eterna, a sua glória, bem que os povos,
Ingratos não consagrem ricos bustos
Nem montadas estátuas ao seu nome.
Desiste, louco chefe, dessa empresa:
Um soberbo edifício levantado
Sobre ossos de inocentes, construído
Com lágrimas dos pobres, nunca serve
De glória ao seu autor, mas sim de opróbrio.

Desenha o nosso chefe, sobre a banca,
Desta forte cadeia o grande risco,
À proporção do gênio e não das forças
Da terra decadente, aonde habita.
Ora, pois, doce amigo, vou pintar-te
Ao menos o formoso frontispício.
Verás se pede máquina tamanha
Humilde povoado, aonde os grandes
Moram em casas de madeira a pique.

Em cima de espaçosa escadaria
Se forma do edifício a nobre entrada,

Por dois soberbos arcos dividida;
Por fora destes arcos se levantam
Três jônicas colunas, que se firmam
Sobre quadradas bases e se adornam
De lindos capitéis, aonde assenta
Uma formosa, regular varanda;
Seus balaústres são das alvas pedras,
Que brandos ferros cortam sem trabalho.
Debaixo da cornija, ou projetura,
Estão as armas deste reino abertas
No liso centro de vistosa tarja.
Do meio desta frente sobe a torre
E pegam desta frente, para os lados,
Vistosas galerias de janelas,
A quem enfeitam as douradas grades.

E sabes, Doroteu, quem edifica
Esta grande cadeia? Não, não sabes.
Pois ouve, que eu to digo: um pobre chefe,
Que na corte habitou em umas casas
Em que já nem se abriam as janelas.
E sabes para quem? Também não sabes.
Pois eu também to digo: para uns negros,
Que vivem, quando muito, em vis cabanas,
Fugidos dos senhores, lá nos matos.
Eis aqui, Doroteu, ao que se pode
Muito bem aplicar aquela mofa
Que faz o nosso mestre, quando pinta
Um monstro meio peixe e meio dama.
Na sábia proporção é que consiste
A boa perfeição das nossas obras.
Não pede, Doroteu, a pobre aldeia
Os soberbos palácios, nem a corte
Pode também sofrer as toscas choças.
Para haver de suprir o nosso chefe
Das obras meditadas as despesas,

Consome do senado os rendimentos
E passa a maltratar ao triste povo
Com estas nunca usadas violências:
Quer cópia de forçados, que trabalhem
Sem outro algum jornal mais que o sustento,
E manda a um bom cabo que lhe traga
A quantos quilombolas se apanharem,
Em duras gargalheiras. Voa o cabo,
Agarra a um e outro, e num instante
Enche a cadeia de alentados negros.
Não se contenta o cabo com trazer-lhe
Os negros que têm culpas, prende e manda
Também, nas grandes levas, os escravos,
Que não têm mais delitos que fugirem
Às fomes e aos castigos, que padecem
No poder de senhores desumanos.
Ao bando dos cativos se acrescentam
Muitos pretos já livres e outros homens
Da raça do país e da europeia,
Que, diz ao grande chefe, são vadios
Que perturbam dos povos o sossego.

Não há, meu Doroteu, quem não se molde
Aos gestos e aos costumes dos maiores.
Brincando, os inocentes os imitam:
Se às tropas se exercitam, eles fingem
As hórridas batalhas; se se fazem
Devotas procissões, também carregam
Aos ombros os andores e as charolas.
Os mesmos magistrados se revestem
Do gênio e das paixões de quem governa.
Se o rei é piedoso, são benignos
Os severos ministros, se é tirano,
Mostram os pios corações de feras.
Por isso, Doroteu, um chefe indigno
É muito e muito mau, porque ele pode

A virtude estragar de um vasto império.
Os nossos comandantes, que conhecem
A vontade do chefe, também querem
Imitar deste cabo o ardente zelo.
Enviam para as pedras os vadios
Que, na forma das ordens, mandar devem
Habitar em desterro novas terras.
Ora, pois, doce amigo, já que falo
Nos nossos comandantes, será justo
Que te dê destes bichos uma ideia.

A gente, Doroteu, que não se alista
Nas tropas regulares forma corpos
De bisonha ordenança. Não há terra
Sem ter um corpo destes. Os seus chefes
Ao capitão maior estão sujeitos,
E são os que se chamam comandantes,
Porque as partes comandam destes terços.
Estes famosos chefes quase sempre
Da classe dos tendeiros são tirados
Alguns, inda depois de grandes homens,
Se lhe faltam os negros, a quem deixam
O governo das vendas, não entendem
Que infamam as bengalas, quando pesam
A libra de toucinho e quando medem
O frasco de cachaça. Agora atende,
Verás que desta escória se levanta
De magistrados uma nova classe.

Aos ricos taverneiros, disfarçados
Em ar de comandantes, manda o chefe
Que tratem da polícia e que não deixem
Viver nos seus distritos as pessoas
Que forem revoltosas. Quer que façam
A todos os vadios uns sumários
E que, sem mais processos, os remetam

Para remotas partes, sem que destas
Jurídicas sentenças se faculte
Algum recurso para mor alçada.

Já viste, Doroteu, um tal desmancho?
As santas leis do reino não concedem
Ao magistrado régio que execute
No crime o seu julgado, e o nosso chefe
Quer que deem as sentenças sem apelo
Incultos comandantes, que nem sabem
Fazer um bom diário do que vendem!
Concedo, caro amigo, que estes homens
São uns grandes consultos, que meteram
Os corpos do direito nos seus cascos.
Ainda assim pergunto: e como pode
O chefe conceder-lhes esta alçada?
Ignora a lei do reino, que numera
Entre os direitos próprios dos augustos
A criação dos novos magistrados?
O grande Salomão lamenta o povo
Que sobre o trono tem um rei menino;
Eu lamento a conquista, a quem governa
Um chefe tão soberbo e tão estulto,
Que, tendo já na testa brancas repas,
Não sabe ainda que nasceu vassalo.

Os néscios comandantes e o bom cabo,
Que fez o nosso herói geral meirinho,
Remetem, nas correntes, povo imenso.
Parece, Doroteu, que temos guerras;
Que, para recrutar as companhias,
De toda a parte vêm chorosas levas.
Aqui, prezado amigo, principia
Esta triste tragédia; sim, prepara,
Prepara o branco lenço, pois não podes
Ouvir o resto, sem banhar o rosto

Com grossos rios de salgado pranto.
Nas levas, Doroteu, não vêm somente
Os culpados vadios; vem aquele
Que a dívida pediu ao comandante;
Vem aquele que pôs impuros olhos
Na sua mocetona, e vem o pobre
Que não quis emprestar-lhe algum negrinho,
Para lhe ir trabalhar na roça e lavra.

Estes tristes, mal chegam, são julgados
Pelo benigno chefe a cem açoites.
Tu sabes, Doroteu, que as leis do reino
Só mandam que se açoitem com a sola
Aqueles agressores que estiverem,
Nos crimes, quase iguais aos réus de morte.
Tu também não ignoras que os açoites
Só se dão, por desprezo, nas espáduas,
Que açoitar, Doroteu, em outra parte
Só pertence aos senhores, quando punem
Os caseiros delitos dos escravos.
Pois todo este direito se pretere:
No pelourinho a escada já se assenta,
Já se ligam dos réus os pés e os braços,
Já se descem calções e se levantam
Das imundas camisas rotas fraldas,
Já pegam dois verdugos nos zorragues,
Já descarregam golpes desumanos,
Já soam os gemidos e respingam
Miúdas gotas de pisado sangue.
Uns gritam que são livres, outros clamam
Que as sábias leis do rei os julgam brancos.
Este diz que não tem algum delito
Que tal rigor mereça; aquele pede
Do injusto acusador, ao céu, vingança.
Não afrouxam os braços os verdugos,
Mas, antes, com tais queixas, se duplica

A raiva nos tiranos, qual o fogo
Que aos assopros dos ventos ergue a chama.
Às vezes, Doroteu, se perde a conta
Dos cem açoites, que no meio estava,
Mas outra nova conta se começa.
Os pobres miseráveis já nem gritam:
Cansados de gritar, apenas soltam
Alguns fracos suspiros, que enternecem.
Que é isso, Doroteu, tu já retiras
Os olhos do papel? Tu já desmaias?
Já sentes as moções, que alheios males
Costumam infundir nas almas ternas?
Pois és, prezado amigo, muito fraco,
Aprende a ter o valor do nosso chefe,
Que à janela se pôs e a tudo assiste
Sem voltar o semblante para a ilharga.
E pode ser, amigo, que não tenha
Esforço para ver correr o sangue,
Que em defesa do trono se derrama.

Aos pobres açoitados manda o chefe
Que, presos nas correntes dos forçados,
Vão juntos trabalhar. Então se entregam
Ao famoso tenente, que os governa
Como sábio inspetor das grandes obras.
Aqui, prezado amigo, principiam
Os seus duros trabalhos. Eu quisera
Contar-te o que eles sofrem, nesta carta,
Mas tu, prezado amigo, tens o peito,
Dos males que já leste, magoado;
Por isso é justo que suspenda a história,
Enquanto o tempo não te cura a chaga.

CARTA 4ª

Em que se continua a mesma matéria

Maldito, Doroteu, maldito seja
O vício de um poeta, que, tomando
Entre dentes alguém, enquanto encontra
Matéria em que discorra, não descansa.
Agora, Doroteu, mandou dizer-me
O nosso amigo Alceu que me embrulhasse
No pardo casacão, ou no capote
E que, pondo o casquete na cabeça,
Fosse ao sítio Covão jantar com ele.
Eu bem sei, Doroteu, que tinha sopa
Com ave e com presunto, sei que tinha
De mamota vitela um gordo quarto,
Que tinha *fricassés*, que tinha massas,
Bom vinho de Canárias, finos doces
E de mimosas frutas muitos pratos.
Porém que importa, amigo, perdi tudo
Só para te escrever mais uma carta.

Maldito, Doroteu, maldito seja
O vício de um poeta, pois o priva
De encher o seu bandulho, pelo gosto
De fazer quatro versos, que bem podem
Ganhar-lhe uma maçada, que só serve
De dano ao corpo, sem proveito d'alma.
A carta, Doroteu, a longa carta

Que descreve a cadeia, finaliza
No ponto em que os presos se remetem
Ao severo tenente, que preside,
Como sábio inspetor, às grandes obras.
Agora prossigamos nesta história
E demos-lhe o princípio, por tirarmos
Ao famoso inspetor, ao grão-tenente,
Com cores delicadas, uma cópia.

É de marca maior que a mediana,
Mas não passa a gigante; tem uns ombros
Que o pescoço algum tanto lhe sufocam.
O seu cachaço é gordo, o ventre inchado,
A cara circular, os olhos fundos;
De gênio soberbão, grosseiro trato,
Assopra de contínuo e fala muito.
Preza-se de fidalgo e não se lembra
Que seu pai foi um pobre, que vivia
De cobrar dos contratos os dinheiros,
De que ficou devendo grandes somas,
Sinal de que ele foi um bom velhaco.
O filho, Doroteu, tomou-lhe as manhas:
Era um triste pingante, que só tinha
O seu pequeno soldo; agora veio
Para inspetor das obras e já ronca,
Já empresta dinheiros, já tem casas,
Já tem trastes de custo e ricos móveis;
Mas logo, Doroteu, verás o como.

Mal o duro inspetor recebe os presos,
Vão todos para as obras; alguns abrem
Os fundos alicerces, outros quebram,
Com ferros e com fogo, as pedras grossas.
Aqui, prezado amigo, não se atende
Às forças nem aos anos. Mão robusta
De atrevido soldado move o relho,

Que a todos, igualmente, faz ligeiros.
Aqui se não concede de descanso
Aquele mesmo dia, o grande dia
Em que Deus descansou e em que nos manda
Façamos obras santas, sem que demos
Aos jumentos e bois algum trabalho.
Tu sabes, Doroteu, que um tal serviço
Por uma civil morte se reputa.
Que peito, Doroteu, que duro peito
Não deve ter um chefe, que atormenta
A tantos inocentes por capricho?
Que se arrisque o vassalo na campanha,
É uma digna ação que a pátria exige,
Nem este grande risco nos estraga
O pundonor, que vale mais que a vida,
Antes nos abre as portas, para entrarmos
No templo do heroísmo. Sim, nós temos,
Nós temos mil exemplos. Muitos, muitos
Que, há séculos, morreram pela pátria,
Na memória dos homens inda vivem.
Mas arriscar vassalos inocentes
Às pedras que se soltam dos guindastes
E aos montes de piçarra, que desabam
Nos fundos alicerces, sem vencerem,
Nem como jornaleiros, tênue paga;
Pô-los, ainda em cima, na figura
Dos indignos vassalos, que se julgam
Em pena dos delitos, como escravos,
Isto só para erguer-se uma obra grande,
Que outra, pequena, supre, é mais que injusto,
É uma das ações que só praticam
Aqueles torpes monstros, que nasceram
Para serem, na terra, o mal de muitos.

Dirás tu, Doroteu, que o nosso chefe
Não quer que os inocentes se maltratem;

Que o fero comandante é quem abusa
Dos poderes que tem. Prezado amigo,
Quem ama a sã verdade busca os meios
De a poder descobrir, e o nosso chefe
Despreza os meios de poder achá-la.
Qu'é deles, os processos, que nos mostram
A certeza dos crimes? Quais dos presos
Os libelos das culpas contestaram?
Quais foram os juízes, que inquiriram
Por parte da defesa e quais patronos
Disseram, de direito, sobre os fatos?
A santa lei do reino não consente
Punir-se, Doroteu, aquele monstro
Que é réu de majestade, sem defesa.
E podem ser punidos os vassalos
Por aéreos insultos, sem se ouvirem
E sem outro processo mais que o dito
De um simples comandante, vil e néscio?
Um louco, Doroteu, faz mais ainda,
Do que nunca fizeram os monarcas;
Faz mais que o próprio Deus: que Deus, querendo
Punir, em nossos pais, a culpa grave,
Primeiro lhes pediu que lhe dissessem
Qual foi do seu delito a torpe causa.

Passam, prezado amigo, de quinhentos
Os presos que se ajuntam na cadeia.
Uns dormem encolhidos sobre a terra,
Mal cobertos dos trapos, que molharam
De dia, no trabalho. Os outros ficam
Ainda mal sentados, e descansam
As pesadas cabeças sobre os braços,
Em cima dos joelhos encruzados.
O calor da estação e os maus vapores
Que tantos corpos lançam, mui bem podem
Empestar, Doroteu, extensos ares.

A pálida doença aqui bafeja,
Batendo brandamente as negras asas.
Aquele, Doroteu, a quem penetra
Este hálito mortal, as forças perde,
Tem dores de cabeça e, num instante,
Abrasa-se em calor, de frio treme.
Fazem os seus deveres os afetos
Do nosso grão-tenente: amor e ódio.
Aquele que, risonho, lhe trabalha
Nas suas próprias obras, é mandado
Curar-se à Santa Casa, como pobre.
Os outros são tratados como servos,
Que fogem ao trabalho dos senhores:
Para as correntes vão, arrancam pedra
E, quando algum fraqueia, o mau soldado
Dá-lhe um berro que atroa, a mão levanta
E, nas costas, o relho descarrega.

Ah! tu, piedade santa, agora, agora,
Os teus ouvidos tapa e fecha os olhos,
Ou foge desta terra, aonde um Nero,
Aonde os seus sequazes, cada dia
Para o pranto te dão motivos novos.

O fogo, Doroteu, que vai moendo,
Depois de bem moer, a chama ateia
E a matéria consome, em breve instante.
Assim a podre febre corroendo
Aos míseros enfermos, pouco a pouco
Erguendo, qual o fogo, a lavareda,
À força do cansaço que resulta
Do trabalho e do sol, consome e mata.
Uns caem com os pesos que carregam,
E das obras os tiram pios braços
Dos tristes companheiros; outros ficam
Ali nas mesmas obras estirados.

Acodem mãos piedosas: qual trabalha
Por ver se pode abrir as grossas pegas
E qual o copo d'água lhes ministra,
Que, fechados os dentes, já não bebem.
Uns as caras borrifam, outros tomam
Os débeis pulsos que, parando, fogem.
Ah! não mais compaixão! Não mais desvelo!
O socorro chegou, mas foi mui tarde:
Cobrem-se os membros de um suor já frio,
Os cheios peitos, arquejando, roncam
E vertem umas lágrimas sentidas,
Que só lhes descem dos esquerdos olhos;
Amarela-se a cor, baceia a vista,
O semblante se afila, o queixo afrouxa,
Os gestos e os arrancos se suspendem;
Nenhum mais bole, nenhum mais respira.
Assim, meu Doroteu, sem um remédio,
Sem fazerem despesa em um só caldo,
Sem sábio diretor, sem sacramentos,
Sem a vela na mão, na dura terra,
Estes pobres acabam seus trabalhos.
Que esperas, duro chefe, que não contas
À corte os teus triunfos! Tu não podes
Mandar alqueires dos anéis, tirados
Dos dedos que cortaste nas campanhas;
Mas de algemas, de pegas e correntes,
Podes mandar à corte imensos carros.
Tu podes... mas, amigo, não gastemos
Todo o tempo em contar sentidas coisas,
Façamos menos triste a nossa história;
Misturemos os casos que magoam
Com sucessos que sejam menos fortes.

Não bastam, Doroteu, galés imensas,
São outros mais socorros necessários
Para crescerem as soberbas obras.

Ordena o grande chefe que os roceiros
E outros quaisquer homens, que tiverem
Alguns bois de serviço, prontos mandem
Os bois e mais os negros que os governem,
Durante uma semana de trabalho.
Ordena ainda mais que, neste tempo,
Não recebam jornal, antes, que tragam
O milho para os bois dos seus celeiros.
Que é isto, Doroteu, abriste a boca?
Ficaste embasbacado? Não supunhas
Que o nosso grande chefe se saísse
Com uma tão formosa providência?
Nisto de economia é ele o mestre;
Está para compor uma obra, aonde
Quer o modo ensinar de não gastarem
As tropas coisa alguma no sustento.
Deus o deixe viver, até que chegue
A pô-la, Doroteu, no mesmo estado
Em que estão os volumes, onde existem
Os despachos que deu no seu governo.
Ora ouve ainda mais, atende e pasma.
Para se sustentarem os forçados
Os gêneros se compram, com bilhetes
Que paga o tesoureiro, quando pode;
E sobre esta fiança inda se tomam
Por muito menos preço do que correm.
As tropas que carregam mantimentos,
Apenas descarregam, vão, de graça,
À distante caieira com soldados
Buscar queimada pedra. Daqui nasce
Os tropeiros fugirem e chorarmos
A grande carestia do sustento.
Responde, louco chefe, se tu podes
Tais violências fazer. Não era menos
Lançares sobre os povos um tributo?
Os homens que têm carros e os que vivem

De víveres venderem são, acaso,
Aos mais inferiores nos direitos?
Esta cadeia é sua, por que deva
Sobre eles carregar tamanho peso?
E o povo, quando compra tudo caro,
Não paga ainda mais do que pagara,
Se um módico tributo se lançasse,
À proporção dos bens de cada membro?
Amigo Doroteu, quem rege os povos
Deve ler, de contínuo, os doutos livros
E deve só tratar com sábios homens.
Aquele que consome as largas horas
Em falar com os néscios e peraltas,
Em meter entre as pernas os perfumes,
Em concertar as pontas dos lencinhos,
Não nasceu para coisas que são grandes,
Que nestas bagatelas não consomem
O tempo proveitoso as nobres almas.

Quem não quer, Doroteu, mandar o carro,
C'o famoso tenente se concerta.
Onde vai tal dinheiro ninguém sabe;
Só sabemos mui bem que o bom tenente,
Sem ter outro negócio que lhe renda,
De pingante, passou a potentado.
Sabemos também mais... porém, amigo,
O falar nestas coisas já me enfada.
Omito outros sucessos, que lastimo,
E fecho, Doroteu, a minha carta
Com um maravilhoso, estranho caso.

Distante nove léguas desta terra
Há uma grande ermida, que se chama
Senhor de Matozinhos; este templo
Os devotos fiéis a si convoca
Por sua arquitetura, pelo sítio

E, ainda muito mais, pelos prodígios
Com que Deus enobrece a santa imagem.
Este famoso templo tem um carro,
Comprado com esmolas, que carrega
As pedras e madeiras, que ainda faltam.
O comandante austero notifica
A veneranda imagem, na pessoa
Do zeloso ermitão, para que mande
O carro, com os bois, servir nas obras,
Mal lhe couber o turno da semana.
Faz-se uma petição ao nosso chefe
Em nome do Senhor; aqui se alega
Que o carro, que Ele tem, se ocupa ainda
Na pia construção da sua casa;
Que ele, Cristo, não tem nenhumas rendas
Senão esmolas tênues, que só devem
Gastar-se no seu templo e no seu culto,
Conforme as intenções de quem as pede.
Apenas viu o chefe o peditório,
Quis ao Cristo mandar que lhe ajuntasse
O título que tinha, porque estava
Isento de pagar os seus impostos:
Que ele sabe mui bem que o mesmo Cristo
Mandou ao velho Pedro que pagasse
A César os tributos em seu nome;
E Cristo, figurado em uma imagem,
Não tem mais isenções que teve o próprio.
Pegava o seu Matúsio já na pena,
Quando lembra ao bom chefe o que decretam
Os cânones da igreja, que concedem
Que, para se fazerem obras pias,
Até os sacros vasos se alienem.
Infere daqui logo que este carro
Não goza de isenção, porque, suposto
Se possa numerar nos bens da igreja,
Conforme as Decretais até podia,

Neste caso, vender-se, por ser obra
Mais pia do que todas, a cadeia.
Lança mão ele mesmo, então, da pena
E põe na petição um — *escusado* —
Com uns rabiscos tais, que ninguém sabe
Ao menos conhecer-lhe uma só letra.
Agora dirá tu: "Meu bom Critilo,
Não se isentar a Cristo desse imposto
Foi um grande tesão, mas necessário,
Por não se abrir a porta a maus exemplos.
Antes o Santo Cristo é que devia
Mandar o carro logo, como Mestre
Da sublime Virtude; e, desta sorte,
Obrou o mesmo Cristo, em outro tempo,
Mandando que pagasse Pedro a César
O tributo, por ele, quando estava,
Por um dos filhos ser mui bem isento.
Mas se esse Santo Cristo não podia
Por dias disfarçar os bois e carro,
Por que não se valeu do tal Matúsio,
Do poeta Robério e de outros trastes,
Por quem aqui se conta que pratica
O grande Fanfarrão os seus milagres?"
Tu instas, Doroteu, qual o mestraço
Quando, por defender a sua escola,
Arregaçando o braço, o pé batendo
E enchendo as cordoveias, grita e ralha.
Mas eu, prezado amigo, com bem pouco
Te boto esse argumento todo abaixo.
Em primeiro lugar, o Santo Cristo
É homem muito sério, e, por ser sério,
Não tem com essa gente um leve trato;
Em segundo lugar, é muito pobre,
Só dá aos seus devotos indulgências
Com anos de perdão e, destas drogas,
Não fazem tais validos nenhum caso.

Ora pois, louco chefe, vai seguindo
A tua pretensão, trabalha, esforça
Por fazer imortal a tua fama:
Levanta um edifício em tudo grande,
Um soberbo edifício, que desperte
A dura emulação na própria Roma.
Em cima das janelas e das portas
Põe sábias inscrições, põe grandes bustos,
Que eu lhes porei, por baixo, os tristes nomes
Dos pobres inocentes, que gemeram
Ao peso dos grilhões, porei os ossos
Daqueles que os seus dias acabaram,
Sem Cristo e sem remédios, no trabalho.
E nós, indigno chefe, e nós veremos
A quais destes padrões não gasta o tempo.

❖

Em que se contam as desordens feitas nas festas que se celebraram nos desposórios do nosso sereníssimo infante com a sereníssima infanta de Portugal

Tu já tens, Doroteu, ouvido histórias,
Que podem comover a triste pranto
Os secos olhos dos cruéis Ulisses.
Agora, Doroteu, enxuga o rosto,
Que eu passo a relatar-te coisas lindas.
Ouvirás uns sucessos, que te obriguem
A soltar gargalhadas descompostas,
Por mais que a boca, com a mão, apertes,
Por mais que os beiços, já convulsos, mordas.
Eu creio, Doroteu... Porém aonde
Me leva, tão errado, o meu discurso?
Não esperes, amigo, não esperes,
Por mais galantes casos que te conte,
Mostrar no teu semblante um ar de riso.
Os grandes desconcertos, que executam
Os homens que governam, só motivam,
Na pessoa composta, horror e tédio.
Quem pode, Doroteu, zombar, contente,
Do César dos romanos, que gastava
As horas em caçar imundas moscas?
Apenas isto lemos, o discurso
Se aflige, na certeza de que um César,
De espíritos tão baixos, não podia

Obrar um fato bom, no seu governo.
Não esperes, amigo, não esperes
Mostrar no teu semblante um ar de riso;
Espera, quando muito, ler meus versos,
Sem que molhe o papel amargo pranto,
Sem que rompa a leitura alguns suspiros.

Chegou à nossa Chile a doce nova
De que real infante recebera,
Bem digna do seu leito, casta esposa.
Reveste-se o baxá de um gênio alegre
E, para bem fartar os seus desejos,
Quer que, a despesas do Senado e povo,
Arda em grandes festins a terra toda.
Escreve-se ao Senado extensa carta,
Em ar de majestade, em frase moura,
E nela se lhe ordena que prepare,
Ao gosto das Espanhas, bravos touros;
Ordena-se, também que, nos teatros,
Os três mais belos dramas se estropiem,
Repetidos por bocas de mulatos;
Não esquecem, enfim, as cavalhadas.
Só fica, Doroteu, no livre-arbítrio
Dos pobres camaristas repartirem
Bilhetes de convites pelas damas.
Amigo Doroteu, ah! tu não podes
Pesar o desconcerto desta carta,
Enquanto não souberes a lei própria
Que aos festejos reais prescreve a norma.

Enquanto, Doroteu, a nossa Chile
Em toda a parte tinha, à flor da terra,
Extensas e abundantes minas de ouro;
Enquanto os taberneiros ajuntavam
Imenso cabedal, em poucos anos,
Sem terem, nas tabernas fedorentas,

Outros mais sortimentos que não fossem
Os queijos, a cachaça, o negro fumo
E sobre as parteleiras poucos frascos;
Enquanto, enfim, as negras quitandeiras,
À custa dos amigos, só trajavam
Vermelhas capas de galões cobertas,
De galacês e tissos ricas saias,
Então, prezado amigo, em qualquer festa
Tirava, liberal, o bom Senado,
Dos cofres chapeados, grossas barras.
Chegaram tais despesas à notícia
Do rei prudente, que a virtude preza.
E, vendo que estas rendas se gastavam
Em touros, cavalhadas e comédias,
Aplicar-se podendo a coisas santas,
Ordena, providente, que os Senados,
Nos dias em que devem mostrar gosto
Pelas reais fortunas, se moderem
E só façam cantar, no templo, os hinos
Com que se dão aos céus as justas graças.
Ah! meu bom Doroteu, que feliz fora
Esta vasta conquista, se os seus chefes
Com as leis dos monarcas se ajustaram!
Mas alguns não presumem ser vassalos,
Só julgam que os decretos dos augustos
Têm força de decretos, quando ligam
Os braços dos mais homens, que eles mandam,
Mas nunca quando ligam os seus braços.

Com esta sábia lei replica o corpo
Dos pobres senadores e pondera
Que o severo juiz, que as contas toma,
Lhes não há de aprovar tão grandes gastos.
Da sorte, Doroteu, que o bravo potro,
Quando a sela recebe a vez primeira,
Enquanto não sacode a sela fora

E faz em dois pedaços cilha e rédea,
Mete entre os duros braços a cabeça
E dá, saltando aos ares, mil corcovos,
Assim o irado chefe não atura
O freio desta lei, espuma, brama,
Arrepela o cabelo, a barba torce
E, enquanto entende que o Senado zela
Mais as leis que o seu gosto, não descansa.

Aos tristes senadores não responde,
Mas manda-lhes dizer que, a não fazerem
Os pomposos festejos, se preparem
Para serem os guardas dos forçados,
Trocando as varas em chicote e relho.
Já viste, Doroteu, que o grande chefe,
O defensor das leis, o mesmo seja
Que insulte, que ameace ao bom vassalo
Que intenta obedecer ao seu monarca?
Pois ainda, Doroteu, não viste nada.
Um monstro, um monstro destes não conhece
Que exista algum maior que, ousado, possa,
Ou na terra ou no céu, tomar-lhe conta.
Infeliz, Doroteu, de quem habita
Conquistas do seu dono tão remotas!
Aqui o povo geme, e os seus gemidos
Não podem, Doroteu, chegar ao trono.
E se chegam, sucede quase sempre
O mesmo que sucede nas tormentas,
Aonde o leve barco se soçobra,
Aonde a grande nau resiste ao vento.

Que peito, Doroteu, que peito pode,
Constante, persistir nos sãos projetos,
Ouvindo as ameaças do tirano
E, junto já de si, o som dos ferros!
Somente, Doroteu, os homens santos

Que a sua lei defendem, veem os potros,
Veem cruzes, cadafalsos e cutelos
Com rosto sossegado; os outros homens
Não podem, Doroteu, não podem tanto.

À força de temor, o bom Senado
Constância já não tem; afrouxa e cede.
Somente se disputa sobre o modo
De ajuntar-se o dinheiro, com que possa
Suprir tamanho gasto o grande Alberga.
Uns dizem que, das rendas do Senado,
Tiradas as despesas, nada sobra.
Os outros acrescentam que se devem
Parcelas numerosas, impagáveis
Às consternadas amas dos expostos.
Uns ralham, outros ralham, mas que importa?
Todos arbítrios dão, nenhum acerta.
Então o grande Alberga, que preside,
Vendo esta confusão, na mesa bate
E, levantando a voz, pausada e forte,
A importante questão assim decide:
"Há dinheiro, senhores, há dinheiro;
Vendam-se os castiçais, tinteiro e bancos,
Venda-se o próprio pano e mesa velha;
Quando isto não baste, há bom remédio:
As fazendas se tomem, não se paguem
E, para autorizardes esta indústria,
Eu vos dou, cidadãos, o meu exemplo".

Intentam replicar-lhe os camaristas,
A tão baixos calotes nunca afeitos.
Mas ele, que não sofre mais instâncias,
As grossas sobrancelhas arqueando,
Desta sorte prossegue, em tom azedo:
"Se os meus santos conselhos se desprezam,
Depressa vou dar parte ao nosso chefe.

Ah! pobres cidadãos, se assim o faço,
Já se me representa que vos sinto
Gemer, debaixo dos pesados ferros".
Só tu, maroto Alberga, só tu podes
Desta sorte falar aos teus colegas!
Que importa que os acuses e que importa
Que os prenda, com grilhões, o duro chefe?
São ferros estes, ferros muito honrados,
Que a honra só consiste na inocência.

Apenas, Doroteu, o vil Alberga
Fala em queixa fazer ao "nosso chefe",
De susto os camaristas nem respiram,
Quais chorosos meninos, que emudecem
Quando as amas lhes dizem: "Cala, cala,
Que lá vem o tutu que papa gente!"

Mandam-se apregoar as grandes festas,
Acompanha ao pregão luzida tropa
De velhos senadores. Estes trajam,
Ao modo cortesão, chapéus de plumas,
Capas com bandas de vistosas sedas.

Chega enfim o dia suspirado,
O dia do festejo. Todos correm
Com rostos de alegria ao santo templo;
Celebra o velho bispo a grande missa;
Porém o sábio chefe não lhe assiste
Debaixo do espaldar, ao lado esquerdo:
Para a tribuna sobe e ali se assenta.
Uns dizem, Doroteu, fugiu, prudente,
Por não ver assentados os padrecos
Na capela maior, acima dele.
Os outros sabichões, que a causa indagam,
Discorrem que o Senado lhe devia
Erguer, no presbitério, dossel branco,

Em honra dele ser lugar-tenente.
Mas eu com estes votos não concordo,
E julgo, afoito, que a razão foi esta:
Porque estando patente e tendo posto
O seu chapéu em cima da cadeira,
Pudera duvidar-se se devia
O bispo ter a mitra na cabeça.

Acaba-se a função, e o nosso chefe
A casa, com o bispo, se recolhe.
A nobreza da terra os acompanha,
Até que montam a dourada sege.
Aqui, meu Doroteu, o chefe mostra
O seu desembaraço e o seu talento!
Só numa função destas se conhece
Quem tem andado terras, onde habitam
Despidas dos abusos, sábias gentes!
Vai passando por todos, sem que abaixe
A emproada cabeça, qual mandante
Que passa pelo meio das fileiras.
Chega junto da sege, à sege sobe
E da parte direita toma assento.
O bispo, o velho bispo, atrás caminha,
Em ar de quem se teme da desfeita.
Com passos vagarosos chega à sege.
Encaixa na estribeira o pé cansado
E duas vezes por subir forceja.
Acodem alguns padres, respeitosos,
E, por baixo dos braços, o sustentam.
Então, com mais alento, o corpo move,
Dá o terceiro arranco, o salto vence
E, sem poder soltar uma palavra,
Ora vermelho, ora amarelo fica,
Do nosso Fanfarrão ao lado esquerdo.
Agora dirás tu: "Que bruto é esse?
Pode haver um tal homem, que se atreva

A pôr na sua sege ao seu prelado
Da parte da boleia? Eu tal não creio".
Amigo Doroteu, estás mui ginja,
Já lá vão os rançosos formulários
Que guardavam à risca os nossos velhos.
Em outro tempo, amigo, os homens sérios
Na rua não andavam sem florete;
Traziam cabeleira grande e branca,
Nas mãos os seus chapéus. Agora, amigo,
Os nossos próprios becas têm cabelo,
Os grandes sem florete vão à missa
Com a chibata na mão, chapéu fincado,
Na forma em que passeiam os caixeiros.
Ninguém antigamente se sentava
Senão direito e grave; nas cadeiras,
agora as mesmas damas atravessam
As pernas sobre as pernas. Noutro tempo
Ninguém se retirava dos amigos,
Sem que dissesse adeus. Agora é moda
Sairmos dos congressos em segredo,
Pois corre, Doroteu, a paridade:
Que os costumes se mudam com os tempos.
Se os antigos fidalgos sempre davam
O seu direito lado a qualquer padre,
Acabou-se esta moda; o nosso chefe
Vindica os seus direitos. Vê que o bispo
É um grande que foi, há pouco, frade
E não pode ombrear com quem descende
De um bravo patagão que, sem disputa,
Lá nos tempos de Adão já era grande.

Na tarde, Doroteu, do mesmo dia
Sai uma procissão, de poucos negros
E padres revestidos só composta,
Que os brancos e os mulatos se ocupavam
Em guarnecer as ruas, pois que todos

Ocupados estão nas régias tropas.
Caminha o nosso chefe, todo Adônis,
Diante da bandeira do Senado;
Alguns dos rigoristas não lho aprovam,
Dizendo que devia, respeitoso,
Da maneira que sempre praticaram
Os seus antecessores, ir ao lado,
Por ser esta bandeira um estandarte
Onde tremulam do seu reino as armas;
Mas eu não o censuro, antes lhe louvo
A prudência que teve; pois supunha
Que, à vista do seu sangue e seu caráter,
Podia muito bem querer meter-se
Debaixo, Doroteu, do próprio pálio.
Que destras evoluções não fez a tropa!
Uns ficam, ao passar o sacramento,
Com as suas barretinas nas cabeças;
Os outros se descobrem e ajoelham;
E, enquanto não se avança o nosso chefe,
Prostrados se conservam e, devotos,
Não cessam de ferir os brandos peitos.
Ah! grande general! com esta tropa
Tu podes conquistar o mundo inteiro!
Foram muitos felices os Lorenas,
Os Condés, os Eugênios e outros muitos,
Em tu não floresceres nos seus tempos.
Meu caro Doroteu, os sapateiros
Entendem do seu couro, os mercadores
Entendem de fazenda, os alfaiates
Entendem de vestidos, enfim, todos
Podem bem entender dos seus ofícios;
Porém querer o chefe que se formem
Disciplinadas tropas de tendeiros,
De moços de taberna, de rapazes
E bisonhos roceiros, é delírio:
Que o soldado não fica bom soldado

Somente porque veste a curta farda,
Porque limpa as correias, tinge as botas
E, com trapos, engrossa o seu rabicho.

A negra noite em dia se converte
À força das tigelas e das tochas
Que em grande cópia nas janelas ardem.
Aqui o bom Robério se distingue:
Compõe algumas quadras, que batiza
Com o distinto nome de epigramas,
E pedante rendeiro as dependura
Na dilatada frente, que ilumina,
Fazendo-as escrever em lindas tarjas.
Rançoso e mau poeta, não nasceste
Para cantar heróis, nem coisas grandes!
Se te queres moldar aos teus talentos,
Em tosca frase do país somente
Escreve trovas, que os mulatos cantem.

Andava, Doroteu, alegre, a gente
Em bandos pelas ruas. Então vejo
Ao famoso Roquério neste traje:
As chinelas nos pés, descalça a perna,
Um chapéu muito velho na cabeça,
E, fora dos calções, a porca fralda.
Em um roto capote mal se embrulha
E grande varapau na mão sustenta,
Que mais de estorvo que de arrimo serve,
Pois a cachaça ardente, que o alegra,
Lhe tira as forças dos robustos membros
E põe-lhe peso, na cabeça leve.
Não repares, amigo, que te conte
Este sucesso, que parece estranho:
Este grande Roquério é um daqueles
Que assenta à sua mesa o nosso chefe.
Agora, amigo, vê se esta pintura

Não pode muito bem à nossa história,
Sem violência servir também de enfeite.

Fiquemos, Doroteu, aqui, por ora,
Pois, de tanto escrever, a mão já cansa.
Em outra contarei o mais que resta
E vi no grão passeio e mais no curro,
Aonde as cavalhadas se fizeram,
Aonde os maus capinhas maltrataram,
Em vez de touros, mansos bois e vacas.

❖

Em que se conta o resto dos festejos

Eu ontem, Doroteu, fechei a carta
Em que te relatei da igreja as festas;
E como trabalhava por lembrar-me
Do resto dos festejos, mal descanso
Na cama os lassos membros, me parece
Que vou entrando na formosa praça.
Não vejo, Doroteu, um curro feito
De pedaços informes de outros curros,
Sim vejo o mesmo curro, que o bom chefe
Riscou na seca praia, e nele vejo
As mesmas armações, as mesmas caras;
Ora vou, doce amigo, aqui pintá-lo.

Na frente se levanta um camarote
Mais alto do que todos uma braça:
Enfeitam seu prospecto lindas colchas
E pendentes cortinas de damasco.
À direita se assenta o nosso chefe;
Os régios magistrados não o cercam,
Nem o cerca também o nobre corpo
Dos velhos cidadãos, aquele mesmo
Que faz de toda a festa os grandes gastos.
Com ele só se assenta a sua corte,
Que toda se compõe de novos Martes.
Aqui alguns conheço, que inda vivem

De darem o sustento, o quarto, a roupa
E capim para a besta a quem viaja.
Conheço, finalmente, a outros muitos
Que foram almocreves e tendeiros,
Que foram alfaiates e fizeram,
Puxando a dente o couro, bem sapatos.
Agora, doce amigo, não te rias
De veres que estes são aqueles grandes
Que, em presença do chefe, encostar podem
Os queixos nos bastões das finas canas.
Os postos, Doroteu, aqui se vendem,
E, como as outras drogas que se compram,
Devem daqueles ser que mais os pagam.

No meio desta turba, vejo um vulto
Que moça me parece, pelo traje.
Não posso conceber o como deva
Estar uma senhora em tal palanque.
O chefe, eu discorria, inda é solteiro,
E, quando não o fosse, a sua esposa
Não havia sentar-se com barbados.
Mil coisas, Doroteu, mil coisas feias
Me sugere a malícia, e todas falsas.
Aplico mais a vista, então conheço
Que é uma muito esperta mulatinha,
Que dizem filha ser do seu lacaio.
Eis aqui, Doroteu, o como, às vezes,
Infames testemunhos se levantam
Às pessoas mais sérias. Só Deus sabe
O que dirão também do teu Critilo!
Mas tu, prezado amigo, não te aflijas,
Que tudo é desta classe, e, se viveres,
Ainda o hás de ver obrar milagres.

Pegado ao camarote do bom chefe
Se vê outro palanque, igual em tudo

Aos rasos camarotes do mais povo.
Aqui têm seu lugar os senadores;
Com eles se incorporam outros muitos,
Que lograram de edis as grandes honras.

Nos outros adornados camarotes
Assistem as famílias mais honestas:
Aqui nada se vê que seja pobre.
Recreia, Doroteu, recreia a vista
O vário dos matizes; cega os olhos
O contínuo brilhar das finas pedras.
No meio de um palanque então descubro
A minha, a minha Nise: está vestida
Da cor mimosa com que o céu se veste.
Oh! quanto, oh! quanto é bela a verde olaia
Quando se cobre de cheirosas flores!
A filha de Taumante, quando arqueia,
No meio da tormenta, o lindo corpo;
A mesma Vênus, quando toma e embraça
O grosso escudo e lança, porque vença
A paixão do deus Marte com mais força,
Ou quando, lacrimosa, se apresenta
Na sala de seu pai, para que salve
Aos seus troianos das soberbas ondas,
Não é, não é como ela tão formosa!

Qual o tenro menino, a quem se chega
Defronte do semblante a vela acesa,
Umas vezes suspenso, outras risonho,
Os olhos arregala e, bem que o chamem,
A tesa vista não separa dela,
Assim eu, Doroteu, apenas vejo
A minha doce Nise, qual menino,
Os olhos nela fito, cheios de água,
E, por mais que me chamem, ou me abalem,
De embebido que estou, não sinto nada.

No meio, Doroteu, de tanto assombro,
Me finge a perturbada fantasia
Novo sucesso, que me aflige e cansa.
Aparece, no curro, passeando,
Sexagenário velho, em ar de moço:
Traja uma curta veste, calções largos
Da cor da seca rosa, a quem adorna
O brilhante galão de fina prata.
Na bolsa do cabelo, que se enfeita
De duas negras plumas e de flocos,
Branquejam os vidrilhos, e no peito,
De flores se sustenta um grande molho.
Traz dois anéis nos dedos e fivelas
De amarelos topázios. Não caminha
Sem que, avante, caminhe um branco pajem
Atrás da cadeirinha, e o seu moleque
Em forma de lacaio. Ah! velho tonto!
Esse teu tratamento imita, imita
Ao estado que tem o rei do Congo!
Ponho os meus olhos no caduco Adônis:
Então se me afigura que ele oferta
A Nise uma das flores, e que Nise
Com ar risonho no seu peito a prega.
Aos zelos, Doroteu, ninguém resiste;
Sentem a sua força os altos deuses,
Os homens mais as feras; e, em Critilo,
Não podes esperar paixões diversas.
Apenas isto vejo, exasperado
Meto mão ao florete e, quando intento
O peito traspassar-lhe, então acordo,
E, vendo-me às escuras sobre a cama,
Conheço que isto tudo foi um sonho.

Pintei-te, Doroteu, o grande curro
Da sorte que minha alma o viu sonhando;
Agora vou pintar-te os mais sucessos

Que impressos inda tenho na memória.
Ainda, Doroteu, no largo curro
Caretas não brincavam, nem se viam
Nos rasos camarotes altas popas,
Enfeites com que brilham néscias damas,
Quando já no castelo de madeira
As peças fuzilavam, sinal certo
De que o nosso herói e o velho bispo
No adornado palanque se assentavam.
Agora dirás tu: "É forte pressa!
Os chefes nos teatros entram sempre
Às horas de correr-se acima o pano".
Amigo Doroteu, tu nunca viste
Uma criança a quem a mãe promete
Levá-la a ver de tarde alguma festa,
Que logo de manhã a mãe persegue,
Pedindo que lhe dispa os fatos velhos?
Pois eis aqui, amigo, o nosso chefe;
Não quer perder de estar casquilho e teso
No erguido camarote um breve instante.

Chegam-se, enfim, as horas do festejo;
Entra na praça a grande comitiva;
Trazem os pajens as compridas lanças,
De fitas adornadas, vêm à destra
Os formosos ginetes arreados,
Seguem-se os cavaleiros, que cortejam
Primeiro ao bruto chefe, logo aos outros,
Dividindo as fileiras sobre os lados.
Não há quem o cortejo não receba
Em ar civil e grato; só o chefe
O corpo da cadeira não levanta,
Nem abaixa a cabeça, qual o dono
Dos míseros escravos, quando juntos
A bênção vão pedir-lhe, porque sejam
Ajudados de Deus no seu trabalho.

Feitas as cortesias do costume,
Os destros cavaleiros galopeiam
Em círculos vistosos pelo campo.
Logo se formam em diversos corpos,
À maneira das tropas que apresentam
Sanguinosas batalhas. Soam trompas,
Soam os atabales, os fagotes,
Os clarins, os boés, e mais as flautas;
O fogoso ginete as ventas abre
E bate com as mãos na dura terra;
Os dois mantenadores já se avançam.
Aqui, prezado amigo, aqui não lutam,
Como nos espetáculos romanos,
Com forçosos leões, malhados tigres,
Os homens, peito a peito e braço a braço.
Jogam-se encontroadas, e se atiram
Redondas alcancias, curtas canas,
De que destro inimigo se defende
Com fazê-las no ar em dois pedaços.
Ao fogo das pistolas se desfazem
Nos postes as cabeças. Umas ficam
Dos ferros trespassadas, outras voam,
Sacudidas das pontas das espadas;
Airoso cavaleiro ao ombro encosta
A lança, no princípio da carreira;
No ligeiro cavalo a espora bate;
Desfaz com mão igual o ferro, e logo
Que leva um argolinha, a rédea toma
E faz que o bruto pare. Doces coros
Aplaudem o sucesso, enchendo os ares
De grata melodia. Então, vaidoso,
Guiado de um padrinho, ao chefe leva
O sinal da vitória, que segura
Na destra, aguda lança. O bruto chefe
Aceita a oferta em ar de majestade,
À maneira dos amos, quando tomam

As coisas que lhes dão os seus criados.
Nestes e noutros brincos inocentes
Se passa, Doroteu, a alegre tarde.

Já no sereno céu resplandeciam
As brilhantes estrelas, os morcegos
E as toucadas corujas já voavam,
Quando, prezado amigo, nas janelas
Do nosso Santiago se acendiam,
Em sinal de prazer, as luminárias;
Ardem, pois, nas janelas de palácio
Duas tochas de pau, e sobre a frente
Da casa do Senado se levanta
Uma extensa armação, a quem enfeitam
Quatro mil tigelinhas. Meu Alberga,
Aqui o prêmio tens do teu trabalho:
Tu farás, de torcidas e de azeite,
Aos tristes camaristas contas largas;
E as arrobas de sebo, que não arde,
Desfeitas em sabão, mui bem te podem
Toda a roupa lavar por muitos anos.

Nas margens, Doroteu, do sujo corgo,
Que banha da cidade a longa fralda,
Há uma curta praia, toda cheia
De já lavados seixos. Neste sítio
Um formoso passeio se prepara:
Ordena o sábio chefe que se cortem
De verdes laranjeiras muitos ramos,
E manda que se enterrem nesta praia,
Fingindo largas ruas. Cada tronco
Tem, debaixo das folhas, uma tábua,
Sem lavor nem pintura, que sustenta
Doze tigelas do grosseiro barro.
No meio do passeio estão abertas
Duas pequenas covas, pouco fundas,

Que lagos se apelidam. Sobre as bordas
Ardem mil tigelinhas, e o azeite
Que corre, Doroteu, dos covos cacos,
Inda é mais do que são as sujas águas,
Que nem os fundos cobrem destes tanques.
A tão formoso sítio tudo acode,
Ou seja de um ou seja de outro sexo,
Ou seja de uma ou seja de outra classe.
Aqui lascivo amante, sem rebuço,
À torpe concubina oferta o braço;
Ali mancebo ousado assiste e fala
À simples filha, que seus pais recatam;
A ligeira mulata, em trajes de homem,
Dança o quente londum e o vil batuque;
E, aos cantos do passeio, inda se fazem
Ações mais feias, que a modéstia oculta.
Meu caro Doroteu, meu doce amigo,
Se queres que este sítio te compare,
Como sério poeta, aqui tens Chipre,
Nos dias em que os povos tributavam
À deusa tutelar alegres cultos.
Se queres que o compare, como um homem
Que alguma noção tem das sacras letras,
Aqui Sodoma tens e mais Gomorra.
Se queres, finalmente, que o compare
A lugar mais humilde, em tom jocoso,
Aqui, amigo, tens esse afamado
Quilombo, em que viveu o pai Ambrósio.

Depõe o nosso chefe a majestade
E, por ver as madamas, rebuçado
No capote de berne, corre as ruas,
Seguido, Doroteu, das suas guardas.
Depois de dar seus giros, vai sentar-se
Em um dos toscos bancos, onde tomam
Assento certas moças, que puderam,

Não sei por que razão, cair-lhe em graça.
Não diz uma fineza às tais mocinhas.
Pois não é, Doroteu, porque não saiba,
Que ele tem muito estudo de "Florinda",
Da "Roda da Fortuna" e de outros livros,
Que dão aos seus leitores grande massa;
É, sim, por sustentar a gravidade
Que, no público, pede o seu emprego.
Mas, para lhes mostrar o quanto as preza,
(Oh! força milagrosa do bestunto!)
Descobre esta feliz e nova traça:
Vai sentar-se na ponta do banquinho.
Umas vezes suspende ao ar o corpo,
Outras vezes carrega sobre a tábua
E, desta sorte, faz que as belas moças,
Movidas do balanço, deem no vento
Milhares e milhares de embigadas.
Chega-se, Doroteu, defronte dele
Um máscara prendado: não estima
Os discretos conceitos, nem se agrada
De ver executar vistosos passos.
Manda, sim, que arremede o nosso bispo,
Que arremede também o modo e o gesto
De um nosso general. São estes momos
Os únicos que podem comovê-lo
No público a mostrar risonha cara.
Oh! alma de fidalgo, oh! chefe digno
De vestir a libré de um vil lacaio!

Cresceram, doce amigo, alguns foguetes
Da noite em que o Senado fez no curro
De pólvora queimar barris imensos.
Em uma noite clara, qual o dia,
Ordena que os foguetes vão aos ares.
Vai se pôr no passeio, reclinado
Sobre um monte de pedras; faz-lhe a corte

A velha poetisa, que repete
Um soneto que fez a certos males.
Começam os vapores do ribeiro
A formar, sobre a terra, nuvens densas,
Não se veem, dos foguetes, os chuveiros,
Não se veem as estrelas, nem as cobras,
Mas ele os deixa arder, e gasta a noite,
Contente com ouvir alguns estalos
E a bulha que eles fazem, quando sobem.

Já chega, Doroteu, o novo dia,
O dia em que se correm bois e vacas.
Amigo Doroteu, é tempo, é tempo
De fazer-te excitar, no peito brando,
Afetos de ternura, de ódio e raiva.
No dia, Doroteu, em que se devem
Correr os mansos touros, acontece
Morrer a casta esposa de um mulato,
Que a vida ganha por tocar rabeca;
Dá-se parte do caso ao nosso chefe;
Este, prezado amigo, não ordena
Que outro músico vá em lugar dele
A rabeca tocar no pronto carro;
Ordena que ele escolha ou a cadeia,
Ou ir tocar a doce rabequinha
Naquela mesma tarde, pela praia.
Que é isto, Doroteu, estás confuso?
Duvidas que isto seja ou não verdade?
Então que hás de fazer, quando me ouvires
Contar desordens, que inda são mais calvas?
Indigno, indigno chefe, as leis sagradas
Não querem se incomodem alguns dias
Os parentes chegados dos defuntos,
Ainda para coisas necessárias;
E tu, cruel, violentas um marido
A deixar sobre a terra o frio corpo

Da sua terna esposa, sem que tenhas
Ao menos uma honesta e justa causa!
Bárbaro, tu praticas tudo junto
Quanto obraram, no mundo, os maus tiranos!
Mezêncio ajuntava os corpos vivos
Aos corpos já corruptos, e tu segues
Outros caminhos, que inda são mais novos:
Separas dos defuntos os que vivem,
Não queres que os parentes sejam pios,
Dando as últimas honras aos seus mortos!

Chega-se, finalmente, a tarde alegre
Do festejo dos touros. Já no curro
Aparecem os dois formosos carros.
O primeiro derrama sobre a terra,
Por bocas de serpentes escamosas,
Dois puros chorros de água; no segundo
Se levantam, alegres, doces vozes,
Que vários instrumentos acompanham.
Aqui, entre os que tocam, se divisa
Um triste rosto que se alaga em pranto.
Não sabes, Doroteu, quem este seja?
Pois é, prezado amigo, aquele triste
Que tem a mulher morta sobre a cama.
O nosso grande chefe, mal conhece
Ao pobre do viúvo, compassivo,
Mete a mão no seu bolso e dele tira
Um famoso cartucho, que lhe entrega.
O néscio rabequista, que a ação nota,
Um pouco suaviza a sua mágoa,
E, enquanto não recebe o tal embrulho,
Consigo assim discorre: "Que ditosa,
Que ditosa violência, que socorre,
Em tal ocasião, a minha falta!
Já tenho com que pague ao meu vigário,
Já tenho com que pague a cera, a cova,

A mortalha, o caixão, e mais os padres".
Assim o bom viúvo discorria;
Quando pega no embrulho, e mal o rasga,
Encontra, Doroteu, confeitos grandes,
Encontra manuscristi e rebuçados.
Que é isso, Doroteu, de novo pasmas?
De novo desconfias da verdade?
Amigo Doroteu, o nosso chefe
Estudou medicina, e como alcança
Que o chorar faz defluxo, providente,
Ministra rebuçados a quem chora,
Para com eles acudir-lhe ao peito.

Principiam os touros, e se aumentam
Do chefe as parvoíces. Manda a praça
Sem regra, sem discurso e sem concerto.
Agora sai um touro levantado,
Que ao mau capinha, sem fugir, espera.
Acena-lhe o capinha, ele recua
E atira com as mãos, ao ar, a terra;
Acena-lhe o capinha novamente,
De novo raspa o chão e logo investe:
Lá vai o mau capinha pelos ares,
Lá se estende na areia, e o bravo touro
Lhe dá, com o focinho, um par de tombos,
Nem deixa de pisá-lo, enquanto o néscio
Não segue o meio de fingir-se morto.
Meu esperto boizinho, em paz te fica,
Que o nosso chefe ordena te recolham
Sem fazeres mais sorte, e te reserva,
Para ao curro saíres, quando forem
Do Senhor do Bonfim as grandes festas.
Agora sai um touro, que é prudente:
Se o capinha o procura, logo foge.
Os caretas lhe dão mil apupadas,
Um lhe pega no rabo, e o segura,

Outro intenta montá-lo, e o grande chefe
O deixa passear por largo espaço.
Manda soltar-lhe os cães, manda meter-lhe
As garrochas de fogo, que primeiro
Que a pele rompam do ligeiro bruto,
Nos destros dedos do capinha estalam.

Com estes maus festejos, que aborrecem,
Se gastam muitos dias. Já o povo
Se cansa de assistir na triste praça,
E, ao ver-se solitário, o bruto chefe
Nos trata por incultos, mais ingratos.

Soberbo e louco chefe, que proveito
Tiraste de gastar em frias festas
Imenso cabedal, que o bom Senado
Devia consumir em coisas santas?
Suspiram pobres amas e padecem
Crianças inocentes, e tu podes
Com rosto enxuto ver tamanhos males?
Embora! Sacrifica ao próprio gosto
As fortunas dos povos que governas;
Virá dia em que mão robusta e santa,
Depois de castigar-nos, se condoa
E lance na fogueira as varas torpes.
Então rirão aqueles que choraram,
Então talvez que chores, mas debalde,
Que suspiros e prantos nada lucram
A quem os guarda para muito tarde.

❖

CARTA 7ª

Há tempo, Doroteu, que não prossigo
Do nosso Fanfarrão a longa história.
. . . .
. . . .
. . . .
. . . .
Que não busque cobri-los com tal capa,
Que inda se persuada que os mais homens
Lhos ficam respeitando, como acertos?
Enquanto ao conhecer destes despejos,
Pespega à lei a boa inteligência,
Que extensiva se chama. Sim, entende
Que aonde o rei ordena que só haja
Recurso a ele mesmo, nos faculta
Recurso aos generais, pois que estes fazem,
Em tudo, e mais que em tudo, as suas vezes.
Ah! dize, meu amigo, se podia
Dar-lhe outra inteligência o mesmo Acúrsio?
Esse grande doutor, que já nos finge,
Nos princípios de Roma, conhecida
A Divina Trindade, e que pondera
Que, do cão, que na palha está deitado,
A velha Fúria, Lei se diz canina.
Maldito, Doroteu, maldito seja
O pai de Fanfarrão, que deu ao mundo,

Ao mundo literário tanta perda,
Criando ao hábil filho numa corte,
Qual morgado que habita em pobre aldeia!
Ah! se ele, doce amigo, assim discorre,
Sabendo apenas ler redonda letra,
Que abismo não seria, se soubesse
Verter o breviário em tosca prosa!
Se entrasse em Salamanca, e ali ouvisse
Explicar a questão daquela escrava
Que foi manumitida em testamento,
Se três filhos parisse, e outras muitas
Que os lentes nos ensinam, desta casta!

Enquanto, Doroteu, ao outro ponto
De julgar aos expulsos inocentes,
Também razão lhe dou, porque primeiro
Se informa com aqueles que os réus dizem
Que sabem, mais que todos, do seu caso.
Nem é de presumir que estes lhe faltem
À verdade, jurando, pois têm alma.
Sê boa testemunha, meu paizinho,
A quem o vulgo chama Pé-de-pato.
Confessa se não foste o que juraste
Que deste uma denúncia e fora falsa.
Indigno e bruto chefe, em que direito
Entendes que se firmam tais processos?
Um réu, a quem condena o magistrado,
Pode mostrar o injusto da sentença
Dando umas testemunhas que juraram
Sem haver citação da sua parte?
Dando umas testemunhas inquiridas
Por juiz que não pode perguntá-las?
E como, louco chefe, e como sabes
Que a defesa convence, se nem viste
Os autos, em que a culpa está formada?
Suponho que juraram novamente

Aqueles mesmos que as denúncias deram:
O segundo e contrário juramento
Não é que se reputa, sempre, o falso?
E quem chega a comprar um grande chefe
Não pode inda melhor comprar um negro?
Amigo Doroteu, estes pretextos
São como as bigodeiras, que não podem
Fazer se não conheçam as pessoas,
Que dançam nos teatros por dinheiro.

Não lucra, doce amigo, o nosso chefe
Somente em revogar os extermínios
Que fazem os ministros: ele mesmo
Ordena se despejem os ricaços,
Ainda que estes vivam sem suspeita
Do infame contrabando. Desta sorte
Os obriga também a vir à tenda
Comprar, por grossas barras, seus despachos.
Todos largam, enfim, e todos entram
No vedado distrito, sem que importe
Haver ou não haver de crime indício.
Só tu, meu Josefino, só tu ficas
No mandado desterro, por teimares
Em não querer largar ao vil Matúsio
Uns tantos mil cruzados, que pedia.
Só tu... porém, amigo, é tempo, é tempo
De fechar esta carta, pois, ainda
Que a matéria, por nova, te deleite,
A muita difusão também enfada.
Eu a pena deponho, e só te peço
Que tomes a lição, que te apresenta
O nosso Fanfarrão, no seu mulato.
Não desfaças, amigo, as ruças becas,
Vai-as distribuindo aos teus lacaios,

Bem como faz o chefe às suas fardas;
Que, enquanto estes as rompem, poupam
As librés amarelas asseadas.

CARTA 8ª

Em que se trata da venda dos despachos e contratos

Os grandes, Doroteu, da nossa Espanha
Têm diversas herdades: uma delas
Dão trigo, dão centeio e dão cevada;
As outras têm cascatas e pomares,
Com outras muitas peças, que só servem,
Nos calmosos verões, de algum recreio.
Assim os generais da nossa Chile
Têm diversas fazendas: numas passam
As horas de descanso, as outras geram
Os milhos, os feijões e os úteis frutos,
Que podem sustentar as grandes casas.
As quintas, Doroteu, que mais lhes rendem,
Abertas nunca são do torto arado.
Quer chova de contínuo, quer se gretem
As terras, ao rigor do sol intenso,
Sempre geram mais frutos do que as outras,
No ano em que lhes corre, ao próprio, o tempo.
Estas quintas, amigo, não produzem
Em certas estações, produzem sempre,
Que os nossos generais, tomando a foice,
Vão fazer, nas searas, a colheita.
Produzem, que inda é mais, sem que os bons chefes
Se cansem com amanhos, nem ainda
Com lançarem nos sulcos as sementes.
Agora dirás tu, de assombro cheio:

"Que ditosas campinas! Dessa sorte
Só pintam os Elíseos os poetas".
Amigo Doroteu, és pouco esperto;
As fazendas que pinto não são dessas
Que têm para as culturas largos campos
E virgens matarias, cujos troncos
Levantam, sobre as nuvens, grossos ramos.
Não são, não são fazendas onde paste
O lanudo carneiro e a gorda vaca,
A vaca, que salpica as brandas ervas
Com o leite encorpado, que lhe escorre
Das lisas tetas, que no chão lhe arrastam.
Não são, enfim, herdades, onde as louras,
Zunidoras abelhas de mil castas,
Nos côncavos das árvores já velhas,
Que bálsamos destilam, escondidas,
Fabriquem rumas de gostosos favos.
Estas quintas são quintas só no nome,
Pois são os dois contratos, que utilizam
Aos chefes, inda mais que ao próprio Estado.

Cada triênio, pois, os nossos chefes
Levantam duas quintas ou herdades,
E, quando o lavrador da terra inculta
Despende o seu dinheiro, no princípio,
Fazendo levantar, de paus robustos,
As casas de vivenda e, junto delas,
Em volta de um terreiro, as vis senzalas,
Os nossos generais, pelo contrário,
Quando estas quintas fazem, logo embolsam
Uma grande porção de louras barras.
A primeira fazenda, que o bom chefe
Ergueu nestas campinas, foi a grande
Herdade, que arrendou ao seu Marquésio.
As línguas depravadas espalharam
Que, para o tal Marquésio entrar de posse,

Largara ao grande chefe, só de luvas,
Uns trinta mil cruzados: bagatela!
Os mesmos maldizentes acrescentam
Que o pançudo Robério fora aquele
Que fez de corretor no tal contrato.
Amigo Doroteu, eu tremo e fujo
De encarregar minha alma. O bom Vergílio
Talvez, talvez que aflito se revolva,
No meio da fogueira devorante,
Por dizer que adorara ao pio Eneias
Uma casta rainha, cujos ossos
Estavam no sepulcro já mirrados,
Havia coisa de trezentos anos.
Eu não te afirmo, pois, que se fizesse
A venda vergonhosa; só te afirmo
Que o mundo assim o julga, e que esta fama
Não deixa de firmar-se em bons indícios.
As leis do nosso reino não consentem
Que os chefes deem contratos, contra os votos
Dos retos deputados que organizam
A Junta de Fazenda, e o nosso chefe
Mandou arrematar ao seu Marquésio
O contrato maior, sem ter um voto
Que favorável fosse aos seus projetos.
As mesmas santas leis jamais concedem
Que possa arrematar-se algum contrato
Ao rico lançador, se houver na praça
Um só competidor de mais abono;
E o nosso general mandou se desse
O ramo ao lançador, que apenas tinha
Uns vinte mil cruzados, em palavra,
Deixando preterido outro sujeito
De muito mais abono, e a quem devia
Um grosso cabedal o régio erário.
Mal acaba Marquésio o seu triênio,
Outro novo triênio lhe arremata,

Sem que um membro da Junta em tal convenha;
E, tendo o tal Marquésio, no contrato,
Perdido grandes somas, lhe dispensa
Outras fianças dar à nova renda.
Amigo Doroteu, o nosso chefe,
Que procura tirar conveniência
Dos pequenos negócios e despachos,
Daria este contrato ao bom Marquésio,
Este grande contrato, sem que houvesse
De paga equivalente ajuste expresso?
Amigo Doroteu, se não sou sábio,
Não sou também tão néscio, que nem saiba
Das premissas tirar as consequências.
Agora dirás tu: "Se o patrimônio
De Marquésio consiste, como afirmas,
Em vinte mil cruzados, em palavra,
Como, de luvas, deu ao chefe os trinta?"
Amigo Doroteu, estou pilhado;
A palavra, que sai da boca fora,
É como a calhoada, que se atira,
Que já não tem remédio. Paciência.
Eu as ervas arranco, e, desde agora,
Contigo falarei com mais cautela.
Mas que vejo? Tu ris-te? Acaso pensas
Que me tens apanhado na verdade?
A mim nunca apanharam os capuchos,
Quando, no raso assento, defendia
Que a natureza não tolera o vácuo,
Que os cheiros são ocultas entidades,
Com outras mil questões da mesma classe.
E tu, meu doce amigo, pertendias
Convencer-me em matéria em que dar posso
A todos, de partido, a sota e o basto?
Desiste, Doroteu, do louco intento,
Faze uma grande cruz na lisa testa,
Dá figas ao demônio, que te atenta.

Ora ouve a solução desse argumento:
Bem que pingante seja quem remata
Este grande contrato, mercadeja
Com perto de um milhão; por isso todos
Lhe emprestam prontamente os seus dinheiros.

Os chefes, Doroteu, que só procuram
De barras entulhar as fortes burras,
Desfrutam juntamente as mais fazendas,
Que os seus antecessores levantaram;
Nem deixam descansar as férteis terras,
Enquanto não as põem em sambambaias.
Aqui agora tens, meu Silverino,
O teu próprio lugar. Tu és honrado,
E prezas, como eu prezo, a sã verdade;
Por isso nos confessas que tu ganhas
A graça deste chefe, porque envias,
Pela mão de Matúsio, seu agente,
Em todos os trimestres, as mesadas.
Eu sei, meu Silverino, que quem vive
Na nossa infeliz Chile não te impugna
Tão notória verdade. Porém deve
Correr estranhos climas esta história,
E, como tu não vás, também, com ela,
É justo que lhe ponha algumas provas.

A sábia lei do reino quer e manda
Que os nossos devedores não se prendam.
Responde agora tu, por que motivo
Concede o grande chefe que tu prendas
A quantos miseráveis te deverem?
Por que, meu Silverino? Porque largas,
Porque mandas presentes, mais dinheiro.

As mesmas leis do reino também vedam
Que possa ser juiz a própria parte.

Responde agora mais: por que princípio
Consente o nosso chefe que tu sejas
O mesmo que encorrente a quem não paga?
Por que, meu Silverino? Porque largas,
Porque mandas presentes, mais dinheiro.

Os sábios generais reprimir devem
Do atrevido vassalo as insolências;
Tu metes homens livres no teu tronco,
Tu mandas castigá-los, como negros;
Tu zombas da justiça, tu a prendes;
Tu passas portarias ordenando
Que com certas pessoas não se entenda.
Por que, por que razão o nosso chefe
Consente que tu faças tanto insulto,
Sendo um touro, que parte ao leve aceno?
Por que, meu Silverino? Porque largas,
Porque mandas presentes, mais dinheiro.

A lei do teu contrato não faculta
Que possas aplicar aos teus negócios
Os públicos dinheiros. Tu, com eles,
Pagaste aos teus credores grandes somas!
Ordena a sábia Junta que dês logo
Da tua comissão estreita conta;
O chefe não assina a portaria,
Não quer que se descubra a ladroeira,
Porque te favorece, ainda à custa
Dos régios interesses, quando finge
Que os zela muito mais que as próprias rendas.
Por que, meu Silverino? Porque largas,
Porque mandas presentes, mais dinheiro.

Apenas apareces... Mas não posso
Só contigo gastar papel e tempo.
Eu já te deixo em paz, roubando o mundo,

E passo a relatar ao caro amigo
Os estranhos sucessos que ainda faltam;
Nem todos lhe direi, pois são imensos.

Pertende, Doroteu, o nosso chefe
Mostrar um grande zelo nas cobranças
Do imenso cabedal que todo o povo
Aos cofres do monarca está devendo.
Envia bons soldados às comarcas,
E manda-lhes que cobrem, ou que metam
A quantos não pagarem nas cadeias.
Não quero, Doroteu, lembrar-me agora
Das leis do nosso augusto; estou cansado
De confrontar os fatos deste chefe
Com as disposições do são direito;
Por isso pintarei, prezado amigo,
Somente a confusão e a grã desordem
Em que a todos nos pôs tão nova ideia.

Entraram nas comarcas os soldados,
E entraram a gemer os tristes povos.
Uns tiram os brinquinhos das orelhas
Das filhas e mulheres; outros vendem
As escravas, já velhas, que os criaram,
Por menos duas partes do seu preço.
Aquele que não tem cativo, ou joia,
Satisfaz com papéis, e o soldadinho
Estas dívidas cobra, mais violento
Do que cobra a justiça uma parcela,
Que tem executivo aparelhado,
Por sábia Ordenação do nosso reino.
Por mais que o devedor exclama e grita
Que os créditos são falsos, ou que foram
Há muitos anos pagos, o ministro
Da severa cobrança a nada atende;
Despreza estes embargos, bem que o triste

Proteste de os provar *in continenti*.

Não se recebem só, prezado amigo,
Os créditos alheios, para embolso
Das dívidas fiscais. O soldadinho
Descobre um ramo, aqui, de bom comércio:
Aquele que não quer propor demandas
Promete-lhe a metade, ou mais ainda,
Das somas que lhe entrega, e ele as cobra,
Fingindo que as tomou em pagamento
Das dívidas do rei. Ainda passa
A mais esta desordem: faz penhoras
E manda arrematar, ao pé da igreja,
As casas, os cativos, mais as roças.

Agora, Fanfarrão, agora falo
Contigo, e só contigo. Por que causa
Ordenas que se faça uma cobrança
Tão rápida e tão forte contra aqueles
Que ao Erário só devem tênues somas?
Não tens contratadores, que ao rei devem
De mil cruzados centos e mais centos?
Uma só quinta parte, que estes dessem,
Não matava do Erário o grande empenho?
O pobre, porque é pobre, pague tudo,
E o rico, porque é rico, vai pagando
Sem soldados à porta, com sossego!
Não era menos torpe, e mais prudente,
Que os devedores todos se igualassem?
Que, sem haver respeito ao pobre ou rico,
Metessem, no Erário, um tanto certo,
À proporção das somas que devessem?
Indigno, indigno chefe! Tu não buscas
O público interesse. Tu só queres
Mostrar ao sábio augusto um falso zelo,
Poupando, ao mesmo tempo, os devedores,

Os grossos devedores, que repartem
Contigo os cabedais, que são do reino.

Talvez, meu Doroteu, talvez que entendas
Que o nosso Fanfarrão estima e preza
Os rendeiros que devem, por sistema,
Só para ver se os ricos desta terra,
À força de favores animados,
Se esforçam a lançar nas régias rendas.
Amigo Doroteu, o nosso chefe,
Se faz alguma coisa, é só movido
Da loucura ou do sórdido interesse.
Eu vou, prezado amigo, eu vou mostrar-te
Esta santa verdade, com exemplos.

Morre um contratador e se nomeia,
Para tratar dos bens, um seu parente,
Que Ribério se chama. Não te posso
Explicar o fervor com que Ribério
Demanda os devedores, vence e cobra
Os cabedais dispersos desta herança.
Estava quase extinto o que devia
À fazenda do rei; então o chefe
Lhe ordena satisfaça todo o resto,
No peremptório termo que lhe assina.
Exclama o bom Ribério que não pode,
Pois todo o cabedal, que tem cobrado,
Ou está nas demandas consumido,
Ou tem entrado já no régio Erário.
E, para bem mostrar esta verdade,
Suplica ao grande chefe que lhe escolha
Um reto magistrado que lhe tome
Da sua comissão estreita conta.
Pois isto, Doroteu, não vale nada:
Sem contas lhe tomarem, manda o chefe
Que gema na cadeia, até que pague.

Já viste uma insolência semelhante?
Aos grandes devedores não se assinam
Os termos peremptórios para a paga,
Nem vão para as cadeias, bem que comam
A fazenda do rei; e só Ribério,
Sendo um procurador que nada deve,
Vai viver na prisão por tempos largos?
Amigo Doroteu, o nosso chefe
Patrocina aos velhacos que lhe mandam,
Para que mais lhe mandem. Prende e vexa
Aos justos, que entesouram suas barras,
Para ver se, oprimidos, se resolvem
A seguir os caminhos dos que largam.

Remata-se um contrato a um sujeito,
Que o pode bem pagar, por mais que perca;
Pertende um fiador deste contrato
Ir tratar, no Peru, do seu comércio;
Vai licença pedir ao grande chefe,
E o chefe lha concede. Escuta agora;
Ouvirás uma ação, a mais indigna
De quantas, por marotos, se fizeram:
Apenas o tal homem sai da terra,
Se despede uma esquadra de soldados
Que, mal com ele topa, lhe dá busca.
As cargas se revolvem, nem lhe escapam
As grosseiras cangalhas, que se quebram.
Não acham contrabandos; porém, sempre
Lhe tomam os dinheiros que ele leva.
E o grande chefe ordena que se metam
No régio Erário todos, inda aqueles
Que são de vários donos. Dize, amigo,
Já viste uma injustiça assim tão clara?
Aos grossos devedores não se tomam
Os seus próprios dinheiros, bem que tenham
Comido os cabedais dos seus contratos;

E, ao simples fiador de um rematante,
Que nada ainda deve, e que tem muito,
Vão-se, à força, tomar os seus dinheiros,
E os dinheiros, que é mais, de estranhas partes!
Agora, Doroteu, não tens que digas,
Hás de, enfim, confessar que o nosso chefe
Somente não oprime a quem lhe larga.
Ora, ouve as circunstâncias que inda acrescem
E que inda afeiam mais o torpe caso:
Espalham as más línguas que Matúsio
Pedira ao tal sujeito lhe comprasse
Uns finos guardanapos e toalhas;
Que o fiador mesquinho lhos trouxera
E, vendo que Matúsio se esquecia,
Lhe chegou a pedir, sem pejo, a paga.
Que o chefe, ressentido desta injúria,
Lhe mandou dar a busca por vingança,
E que até ao presente inda não consta
Que o preço da encomenda se pagasse.
Que mais pode fazer o seu lacaio?
Isto não é mais feio que despir-se
A preciosa capa ao grande Jove
E mandar-se tirar ao sábio filho,
O famoso Esculápio, as barbas de ouro?

Amigo Doroteu, se acaso vires
Na corte algum fidalgo pobre e roto,
Dize-lhe que procure este governo;
Que, a não acreditar que há outra vida,
Com fazer quatro mimos aos rendeiros,
Há de à pátria voltar, casquilho e gordo.

CARTA 9ª

Em que se contam as desordens que Fanfarrão obrou no governo das tropas

Agora, Doroteu, agora estava
Bamboando, na rede preguiçosa
E tomando, na fina porcelana,
O mate saboroso, quando escuto
De grossa artilharia o rouco estrondo.
O sangue se congela, a casa treme,
E pesada porção de estuque velho,
À violência do abalo despegada
Da barriguda esteira faz que eu perca
A tigela esmaltada, que era a coisa
Que tinha, nesta casa, de algum preço.

Apenas torno em mim daquele susto,
Me lembra ser o dia em que o bom chefe
Aos seus auxiliares lições dava
Da que Saxi chamou "pequena guerra".
Amigo Doroteu, não sou tão néscio,
Que os avisos de Jove não conheça.
Castigou, castigou o meu descuido,
Pois não me deu a veia de poeta,
Nem me trouxe, por mares empolados,
A Chile, para que, gostoso e mole,
Descanse o corpo na franjada rede.
Nasceu o sábio Homero entre os antigos,
Para o nome cantar do grego Aquiles;
Para cantar também ao pio Eneias,

Teve o povo romano o seu Vergílio:
Assim, para escrever os grande feitos
Que o nosso Fanfarrão obrou em Chile,
Entendo, Doroteu, que a Providência
Lançou na culta Espanha o teu Critilo.
Ora pois, Doroteu, eu passo, eu passo
A cumprir, respeitoso, os meus deveres;
E já que o meu herói agora adestra
Esquadras belicosas, também hoje
Tomarei por empresa só mostrar-te
Que ele fez na milícia grandes coisas.

Há, nesta capital, um regimento
De tropa regular, a quem se paga.
Tu sabes, Doroteu, que não há corpo
Que todo de iguais membros se componha.
Das ordens mais austeras, que fizeram
Os santos penitentes patriarcas,
Saíram, contra o trono rebelados,
Os infames Clementes, e saíram
Contra o dogma os Calvinos e os Luteros;
O mesmo Apostolado teve um Judas.
Se isto pois, Doroteu, assim sucede
Nos corpos, que se formam de escolhidos,
Que não sucederá nos grandes corpos,
Aonde se recebem as pessoas
Que timbre fazem dos seus próprios vícios?

O meio, Doroteu, o forte meio
Que os chefes descobriram para terem
Os corpos que governam, em sossego,
Consiste em repartirem com mão reta
Os prêmios e os castigos, pois que poucos
Os delitos evitam, porque prezam
A cândida virtude: os mais dos homens
Aos vícios fogem, porque as penas temem.

Ora ouve, Doroteu, o como o chefe
Os castigos reparte aos seus guerreiros.

Não há, não há distúrbio nesta terra,
De que mão militar não seja autora.
Chega, prezado amigo, a ousadia
De um indigno soldado a este excesso:
Aperta, na direita, o ferro agudo
E penetra as paredes de palácio,
No meio de uma sala, aonde estavam
As duas sentinelas, que defendem
Da casa do dossel a nobre entrada.
Aqui, meu Doroteu, aqui se chega
Ao camarada inerme e, pelas costas,
O deixa quase morto, a punhaladas.

Que esperas tu agora que eu te diga?
Que o militar conselho já se apressa?
Que já se liga ao poste o delinquente?
Que os olhos com o lenço já lhe cobrem?
Que a bala zunidora já lhe rompe
O peito palpitante? Que suspira?
Que lhe cai, sobre os ombros, a cabeça?
Meu caro Doroteu, o nosso chefe
É muito compassivo; sim, bem pode
Oprimir os paisanos inocentes
Com pesadas cadeias; pode, ainda,
Ver o sangue esguichar das rotas costas
À força dos zorragues, mas não pode
Consentir que se dê nos seus soldados,
Por maiores insultos que cometam,
A pena inda mais leve: assim praticam
Os famosos guerreiros, que nasceram
Para obrarem no mundo empresas grandes.

Ele, sim, bem conhece que não há de

Talar, com estas tropas, as campinas,
Que o céu lhe não concede a esperança
De entrar no templo augusto da Vitória,
Coberto de poeira e negro sangue.
Mas sempre, Doroteu, as quer propícias,
Pois, inda que não cinjam as espadas,
Para cortar loureiros e carvalhos,
Que a testa lhes circulem, são aquelas
Que, prontas, executam seus mandados;
São aquelas que infundem, nestes povos,
O medo e sujeição, com que toleram
O verem em desprezo as leis sagradas.

Conhece, Doroteu, o próprio chefe
Que vai passando a muito a liberdade
Das fardas atrevidas, e, querendo
A tais desordens pôr remédio e freio,
Não manda que se cumpram as leis santas
Que aos delitos arbitram justas penas;
Manda, sim, um cartaz, aonde inova
Que todos os domingos na parada
Se leia o militar regulamento.
Indigno e bruto chefe, de que serve
Que se leiam as leis, se os malfeitores
Do que mandam não veem um só exemplo!
Tens visto, Doroteu, o como o chefe
Os delitos castiga; agora sabe
Da sorte que reparte aos bons os prêmios.

Morreu um capitão, e subiu logo,
Ao posto devoluto um bom tenente.
Por que foi, Doroteu? Seria, acaso,
Por ser tenente antigo? Ou porque tinha
Com honra militado? Não, amigo,
Foi só porque largou três mil cruzados!
Ah! não mudes a cor de teu semblante,

Prudente Maximino! Não, não mudes.
Que importa que comprasses a patente,
Se tu a merecias? A vileza
Da compra não te infama, sim ao chefe,
Que nunca faz justiça, sem que a venda.
Reforma um capitão e, no seu posto,
Encaixa sem vergonha a Tomazine,
Um moço, na milícia pouco esperto,
Que um ano inda não tinha de tenente.
Em que guerras andou, em que campanhas?
Quais as feridas que no corpo mostra?
Aonde, aonde estão as diligências,
As grandes diligências arriscadas,
Que fez este mancebo, com que possa
Preferir aos antigos, destros cabos?
Ah! sim, eu já me lembro! Tem serviços,
Tem famosos serviços, na verdade:
A casa deste moço, bem que pobre,
É a casa somente, aonde o chefe
Entra em ar de visita, bebe e folga.
Aqui tens teu lugar, meu bom Lobésio;
Tu foste a capitão e tu passaste
Ao posto de major em breves meses.
Quais são os teus serviços? Quais? Responde.
Mas não, não me respondas; eu conheço
Que és tolo, que és brejeiro e, mais, que mandas
As redradas pedrinhas. Estes dotes
Te fazem, no conceito do teu chefe,
Um digno pai da pátria, herói do reino.
Também tu, ó Padela, te distingues
Na corja dos marotos. Tu conservas
De capitão o cargo, mas tu logras
O soldo de major e mais as honras.
Que foi que te fez digno de subires
À privança do chefe? Ah! sim, eu vejo
O teu merecimento! É coisa grande:

Ultrajas aos ministros e proteges
A todos os tratantes, que exercitam
O furto e o contrabando. Tu, piedoso,
Não queres ver perdido um só soldado.
Se algum, se algum consente que se escalem
Os vedados lugares, tu escreves
Ao sucessor honrado e lhe suplicas
Que parte não te dê de um tal desmancho.
O teu fidalgo peito não se vence
Da sórdida avareza. Tu repartes
Os luzentes seixinhos c'o teu chefe;
E, bem que o seu Matúsio, em nome dele,
Os ache miudinhos, sempre servem.
Também tu, digno irmão, também cavalgas
O posto de tenente, por dizeres,
Que honrado comandante na parada,
Austero, te corrige, por falares
Dos retos magistrados sem respeito.
Que vezes a cachaça... Mas, amigo,
Deixemos de falar na paga tropa
E vamos a falar do grande corpo
Da gente auxiliar; aqui podemos
Acabar de dizer o mais que falta.

Tinha este continente levantados
De tropa auxiliar uns treze corpos.
O nosso chefe ainda não se farta:
Alista o povo inteiro, e dele forma
Inda mais de quarenta regimentos,
Mais faminto de ver galões e fardas
Que Midas de trocar em ouro puro
As coisas em que punha o torpe dedo.

O coronel, valente, agarra tudo
Quanto tem de varão a forma e traje;
Nem lhe obsta, Doroteu, que os seus soldados

Meninos inda sejam; que eles crescem,
E cresce, com os corpos, igualmente,
O santo amor das armas. Muitos, muitos,
Quando vão para a igreja receberem
As águas salvadoras do batismo,
Já vão vestidos com a curta farda.
Este mesmo costume tem, amigo,
O pago regimento. Apenas nasce
Aos cabos algum filho, logo, à pressa,
Lhe assenta o chefe de cadete a praça.
Venturoso costume, que promete
Produzir, de cordeiros, tigres bravos!
Aníbal, Doroteu, desde menino
Com seu pai militou; talvez não fosse
O terror dos romanos, se passasse
A tenra, inda imberbe mocidade,
Entre os moles prazeres de Cartago.
Contudo, Doroteu, o céu permita
Que guerras não tenhamos; pois, a termos
Algum acampamento, que constranja
A saírem da praça os regimentos,
Há de haver bom trabalho em conduzir-se
O rancho de crianças em jacases.
Há de também haver despesa grande
Em levar-se uma tropa de mulheres,
Que deem o peito a uns e a outros papa.
Tu sabes, Doroteu, que as nossas tropas
De infantaria são, porém montada;
Que as leis do nosso reino não consentem
Que estas montadas tropas se componham
De membros que não tenham certas rendas,
Com que possam manter os seus cavalos.
Ora ouve, Doroteu, quais são as posses
Dos míseros paisanos, que se alistam
Nos fortes regimentos: quase todos
Um sendeiro não têm, e muitos deles

Gemeram nas prisões, por não poderem
Ajeitar uma grossa e curta farda.
Eu topei, Doroteu, por várias vezes,
Atrás de um regimento, os rapazinhos
Em veste e mais descalços: fina ideia
Em que deram os cabos, para verem
Se, à força de vergonha, se fardavam.
Eu sei, eu sei, amigo, que alguns destes,
Cansados de sofrerem mais opróbrios,
Fizeram fardamentos dos produtos
Dos únicos escravos que venderam
E dos trastes alheios, que furtaram.
Perguntarás, agora, doce amigo:
"Aonde estão os ricos taverneiros?
Aonde os mercadores, que têm lojas
A que chamam de seco e de molhado?"
Aonde, Doroteu? Eu já to digo:
Estão, estão também nos regimentos,
Mas trazem nas direitas, que conservam
Inda lixosas peles, as bengalas.
Não rias, Doroteu, das nossas tropas.
De que gente formou um corpo invicto
O luso Viriato? Foi de moços,
Criados, desde a infância, nas campanhas?
Não foi, meu Doroteu, foi de uns pastores,
De uns pastores incultos, que, animados
Do esforço do seu chefe, conseguiram
Vitórias singulares contra um povo
Que o mundo sujeitou, à força de armas.
Os homens, Doroteu, são todos fortes
Em cima das muralhas, que defendem
As chorosas mulheres e as fazendas,
Os ternos filhos e os avós cansados.
A desordem, amigo, não consiste
Em formar esquadrões, mas sim no excesso.
Um reino bem regido não se forma

Somente de soldados; tem de tudo:
Tem milícia, lavoura, e tem comércio.
Se quantos forem ricos se adornarem
Das golas e das bandas, não teremos
Um só depositário, nem os órfãos
Terão também tutores, quando nisto
Interessa igualmente o bem do império.
Carece a monarquia dez mil homens
De tropa auxiliar? Não haja embora
De menos um soldado, mas os outros
Vão à pátria servir nos mais empregos,
Pois os corpos civis são como os nossos,
Que, tendo um membro forte e outros débeis,
Se devem, Doroteu, julgar enfermos.

É também, Doroteu, contra a polícia
Franquearem-se as portas, a que subam
Aos distintos empregos as pessoas
Que vêm de humildes troncos. Os tendeiros,
Mal se veem capitães, são já fidalgos;
Seus néscios descendentes já não querem
Conservar as tavernas, que lhes deram
Os primeiros sapatos e os primeiros
Capotes com capuz de grosso pano.
Que império, Doroteu, que império pode
Um povo sustentar, que só se forma
De nobres sem ofícios? Estes membros
Não amam, como devem, as virtudes,
Seguem à rédea solta os torpes vícios.
Daqui saem os torpes malfeitores,
Os vis alcoviteiros, os perjuros,
Os famosos ladrões; numa palavra,
A tropa insultadora de vadios.

A este corpo imenso de milícia
Concede Fanfarrão as regalias,

Que as nossas leis não dão aos bons vassalos
Que chegam aos empregos mais honrosos,
Em paga de proezas e serviços.
Não quer, não quer o chefe que aos seus cabos
Mandem citar os tristes acredores
Por ordem de justiça. Quais os grandes,
Que não vêm a juízo sem licença
Do príncipe, a quem servem, nesta terra,
Sem licença do chefe não se citam
Os negros, os crioulos e os mulatos,
Mal vestem a fardinha e, muito menos,
Mal cingem, na cintura, honrosa banda.
Se alguém requer ao chefe que permita
Para isso faculdade, põe-lhe em cima
De humilde petição que o suplicado
Componha ao suplicante o que lhe deve.
Se diz o suplicado ao suplicante
Que não lhe deve nada, foi-se embora
O sólido direito, que a polícia
Do chefe não consente que se ponha
Aos seus oficiais, inda que sejam
Velhacos e ladrões, no foro, um pleito.
Já viste regalia igual a esta?
A pátria, Doroteu, concede aos nobres,
Que os postos exercitam, grossas rendas,
Com que possam pagar aos mais vassalos
As coisas que lhes compram; não concede
Ao mesmo general que vista e coma,
À custa do suor dos outros homens.
E quando o rei não quer pagar a todos
Com dinheiro contado, remunera
Os serviços com graças, mas daquelas
Que deixam sempre intacto o jus alheio.

Não são somente isentos da justiça
Os cabos valerosos. Onde habitam,

Se acolhem, Doroteu, os malfeitores;
E, quais antigas casas de fidalgos,
Ou famosos conventos, que, na porta,
Têm as grossas cadeias, onde pegam
Os míseros culpados, aqui todos
Se livram dos meirinhos, bem que sejam
Indignos, torpes réus de majestade.

Se os ousados meirinhos entrar querem
Nas casas destes cabos, a que chamam
Militares quartéis, os fortes donos
Encaixam nas cabeças os casquetes,
Apertam as correias, põem as bandas
E, cingindo as torcidas, largas folhas,
Ultrajam com palavras a justiça,
Resistem, gritam, ferem, matam, prendem.

Os zelosos juízes punir querem
A injúria da justiça: formam autos,
Procedem às devassas, pronunciam
E mandam que estes nomes se descrevam
Nos róis dos mais culpados. Mas, amigo,
De que serve fazer-se o que as leis mandam
Na terra que governa um bruto chefe,
Que não tem outra lei mais que a vontade?
O chefe onipotente logo envia
Atrevidos soldados, que, chegando
À casa do escrivão, os nomes riscam
Do rol dos delinquentes e lhe arrancam
Da fechada gaveta os próprios autos.
Ousado, indigno chefe, que governo,
Que governos nos fazes? A milícia
Ergueu-se para guarda dos vassalos,
E tu, e tu trabalhas por que seja
A mesma que nos prive do sossego
Que, próvidas, nos dão as leis sagradas.

Agora, Doroteu, talvez trabalhes
Em achar o motivo por que o chefe
Concede tanto indulto aos seus soldados;
Pois ele, Doroteu, não é o enigma
Que vem nos doces versos de Vergílio,
De umas flores, que têm de reis os nomes
Escritos sobre as folhas, e do sítio
De que três braças só do céu se avista.
O chefe, Doroteu, só quer dinheiro;
E, dando aos militares regalias,
Podem os grandes postos, que lhes vende,
Subir à proporção, também, de preço.
Tu assim o conheces, Cata Preta,
Pois deste mil oitavas, por trazeres
Lavrado castão de ouro sobre a cana.
Tu também, Capanema, assim discorres,
Pois largaste seiscentas, por vestires
De capitão maior vermelha farda.
Todos assim o julgam. Ah! só pensa
De diversa maneira aquele néscio,
Que sofreu que Matúsio lhe rompesse
A passada patente à sua vista,
Por não largar, de luvas, os trezentos.

Dize-me, Doroteu, um chefe sábio
Levanta nas conquistas umas tropas,
Com que não pode a força do distante
Conquistador império? Infunde, inspira
Nos cabos tanto orgulho, que se atrevam
A resistir aos mesmos magistrados,
Que a pessoa do augusto representam?
Maldito, Doroteu, maldito seja
Um bruto, que só quer, a todo custo,
Entesourar o sórdido dinheiro!

❖

CARTA 10ª

Em que se contam as desordens maiores que Fanfarrão fez no seu governo

Quis, amigo, compor sentidos versos
A uma longa ausência, e, para encher-me
De ternas expressões, de imagens tristes,
À banca fui sentar-me, com projeto
De ler, primeiramente, algumas obras
No meu já roto, destroncado Ovídio.
Abri-o nas saudosas Elegias;
E, quando me embebia na leitura
Dos casos lastimosos que ele pinta,
Na passagem que fez ao Ponto Euxínio
Encontro aqueles versos que descrevem
As ondas decumanas. De repente
Me sobe ao pensamento que estas eram
Do nosso Fanfarrão imagem viva.
Os mares, Doroteu, jamais descansam:
Agitam sem cessar as verdes águas,
E, depois que levantam ondas nove,
Com menos fortidão, despedem outra,
Que corre mais ligeira e que se quebra
Nos musgosos rochedos com mais força.
Assim o nosso chefe não descansa
De fazer, Doroteu, no seu governo,
Asneiras sobre asneiras; entre as muitas,
Que menos violentas nos parecem,
Pratica outras que excedem muito e muito

As raias dos humanos desconcertos.
Perdoa, minha Nise, que eu desista
Do intento começado. Tu mil vezes
Nos meus olhos já leste os meus afetos,
Não careces de os ler nos meus escritos.
Perdoa, pois, que eu gaste as breves horas
A contar as asneiras decumanas
Do nosso Fanfarrão ao caro amigo.
E tu, meu Doroteu, antes que leias
O que vou a contar-te, jurar deves
Pelos olhos da tua amada esposa,
Por seu louro cabelo, e pelo dia
Em que viste, na sua alegre boca,
O primeiro sorriso, que não hás de
Duvidar do que leres, bem que sejam
Desordens que pareçam impossíveis.

A Junta, Doroteu, a quem pertence
Evitar contrabandos, prende, envia
À sabia Relação do Continente
A trinta delinquentes, para serem
Castigados conforme os seus delitos.
Entende o nosso chefe que esta Junta
Não devia mandar aos malfeitores
Sem sua autoridade, e dela toma
O mais estranho, bárbaro despique:
Manda embargar aos presos na cadeia
Do nosso Santiago, e manda ao pobre
Do condutor meirinho que os sustente,
Assistindo também aos que enfermarem
Com médicos, remédios e galinhas.
Acaba-se o dinheiro que lhe deram
Para fazer os gastos do caminho;
Recorre, neste aperto, ao bruto chefe,
Expõe-lhe que não tem com que alimente
Ao menos a si próprio; pede e roga

Que o deixe recolher à pátria terra,
Para nela exercer seu pobre ofício.
Tão terna rogativa não merece
Do chefe a compaixão; antes lhe ordena
Que assista, como dantes, aos culpados
De todo o necessário, na enxovia;
Que, a faltar-lhe o dinheiro para os gastos,
Ou que o peça, ou que o furte. Caro amigo,
Da boca de uma Fúria sairia
Mais dura decisão? Por que motivo
Deve um pobre meirinho dar sustento
A mais de trinta presos? São seus filhos?
E, ainda a serem filhos, um pai justo,
Que fazenda não tem, vive obrigado
A sustentar infames malfeitores,
Por meio de culpáveis latrocínios?
Suponho, Doroteu, suponho ainda
Que a Junta fez excesso na remessa
Dos presos, sem licença. Neste caso
Merece o condutor algum castigo?
Ele fez outra coisa que não fosse
Cumprir o que mandaram seus maiores?
Podia repugnar-lhes, sem delito?
Amigo Doroteu, o nosso chefe
É qual mulher ciosa, que não pode
Vingar no vário amante os duros zelos,
E vai desafogar as suas iras,
Bebendo o sangue de inocentes filhos.
Depois de se passarem alguns anos,
Depois que o bom meirinho já não tinha
Vestido que vendesse, nem pessoa
Que um chavo lhe fiasse, o bruto chefe
Passa a fazer um novo despotismo:
Ordena que os culpados sejam soltos,
E, dizem, lhes mandava vinte oitavas,
Para os gastos fazerem da fugida.

Até aqui pagou o seu desgosto
O pobre condutor; agora o paga
A triste, aflita pátria, pois lhe aumenta
Dos torpes malfeitores a quadrilha.
É esta, Doroteu, a sua gente;
Trafica em coisa santa, no comércio
Da compra e mais da venda de seixinhos,
Negócio avantajado e mais seguro
Que o meter entre os fardos das baetas
Os pesados galões e as drogas finas.
Preza o bravo leão aos leões bravos,
A fraca pomba preza as pombas fracas,
E o homem, apesar do raciocínio,
Que a verdade lhe mostra, estima aos homens
Que têm iguais paixões e os mesmos vícios.
Avisam ao bom chefe que um ministro
Queria que os soldados lhe mostrassem
As ordens com que entravam a fazerem
Prisões no seu distrito. Investe o bruto
Qual touro levantado, a quem acenam,
C'os vermelhos droguetes, os capinhas;
Escreve-lhe uma carta, em que lhe ordena
Lhe dê logo as razões, em que se funda.
Inda pede as razões, e já lhe estranha
O néscio proceder. Aqui não para
Tão rápida desordem: manda um corpo
De ousados militares, que conduzam
Ao magistrado a carta, e lhes ordena
Que fiquem nesta vila sustentados
À custa, Doroteu, do aflito povo.
Não se concede ao pobre que sustente
Em casa o seu soldado; manda o chefe
Que a cada um se dê, em cada um dia,
Para sustento, meia oitava de ouro,
Fora milho e capim para o cavalo,
E não entrando aqui o régio soldo.

Que santo proceder! Um Deus irado,
Se houvesse sete justos, perdoava
Os imensos delitos de Sodoma;
E o nosso grande chefe, pelo crime,
Pelo sonhado crime de um só homem,
Castiga, como réu de majestade,
Formado de inocentes, todo um povo.

Faz penhora Macedo em certas barras
Que a um seu devedor devia Mévio;
Recorre ao magistrado Silverino,
Pedindo que mandasse que o dinheiro
A juízo viesse, pois queria
Sobre ele disputar a preferência,
Na forma que concede a lei do reino.
Cita-se ao triste Mévio, e deposita
As barras em juízo, prontamente.
Conhece Silverino que Macedo
Para a vitória tem melhor direito;
Não quer seguir a causa na presença
De um reto magistrado, que profere,
Na forma que as leis mandam, as sentenças.

Recorre ao general, e o bruto chefe
Decide desta sorte o longo pleito:
Habita nesta terra um homem rico,
Que tem de Albino o nome, e, dizem, trata
A Mévio, devedor, por seu sobrinho.
Manda pois, Doroteu, o grande chefe
Que Albino se recolha na cadeia
E more com os negros na enxovia,
Enquanto não pagar a Silverino
Outra tanta quantia, quanta Mévio
Depositou, doloso, por que houvesse
Entre os dois acredores um litígio.
Eis aqui, Doroteu, o que é ciência!

As nossas leis não querem que o pai solva
O calote que fez o próprio filho,
E quer um general que Albino pague,
Da sórdida masmorra, novamente,
A soma que pagou o bom sobrinho!
Aonde existe o dolo? A lei não manda
Que todo o que temer que alguém lhe peça
Segundo pagamento, se segure
Metendo no depósito o que deve?
Pois se isto nos faculta o são direito,
Que delito comete aquele triste
Que a dívida em juízo deposita,
Quando o sábio juiz assim o manda,
Porque o mesmo credor assim o pede?
E se Mévio fez dolo, por que causa
Há de Albino pagar a culpa dele?
Porque lhe aconselhou que não pagasse
Outra tanta quantia a Silverino?
Aconselhar conforme as leis do reino
É culpa que mereça um tal castigo?
E pode ser castigo regulado
Pagar o conselheiro aquela soma
Que o mesmo aconselhado não devia?
Não é isto furtar? Não é violência?
Ah! pobre, ah! pobre povo, a quem governa
Um bruto general, que ao céu não teme,
Nem tem o menor pejo de lhe verem
Tão indignas ações os outros homens!

Há neste regimento um moço Adônis,
Amores de uma escrava, cuja dona
Depois de cativar a muitos peitos,
Ao nosso herói atou também ao carro
Dos seus cruéis triunfos. Cego nume!
Qual é, qual é dos homens que não honra,
Com puros sacrifícios, teus altares?

Tu vences os pequenos, mais os grandes,
Tu vences os estultos, mais os sábios,
Tu vences, que inda é mais, as mesmas feras;
E, bem que cinja o grosso peito d'aço,
Não pode resistir às tuas setas
O duro coração do próprio Marte.

Intenta este soldado que o ministro
Lhe remate umas casas, e consegue
Um despacho do chefe, em que decreta
Que nelas ninguém lance: coisa estranha
Que, entendo, nunca viu nenhuma idade!
O reto magistrado, que respeita,
Mais que ao chefe, as leis do seu monarca,
Ordena que o porteiro *in continenti*
As pertendidas casas meta a lanço.
Honrado cidadão o preço cobre;
O porteiro passeia pela rua,
Repete, em alta voz, o lanço novo
E prossegue a falar, assim dizendo:
"Dou-lhe uma, dou-lhe duas, dou-lhe três,
Dou-lhe outra mais pequena, afronta faço;
Se ninguém mais me oferece, arremato".
Ao lanço do Brandúsio ninguém chega.
Informado o juiz, ordena e manda
Que o prédio se remate; então se chega
O porteiro risonho ao licitante,
E lhe diz — "que lhe faça bom proveito" —
Ao mesmo tempo que lhe entrega o ramo.
Parte logo o soldado e conta ao chefe
O sucesso da praça. O bruto monstro,
Julgando profanado o seu respeito,
Manda lançar no pobre licitante
Um pesado grilhão e manda pô-lo,
Ajoujado com um despido negro,
A trabalhar nas obras da cadeia.

O preso injuriado desfalece,
E o chefe desumano desce à rua,
Para que possa de mais perto vê-lo.
Sucede a um desmaio outro desmaio;
O negro companheiro, então, lhe acode,
Nos braços compassivos o sustenta;
Porém o vil do chefe, que deseja
O vê-lo ali morrer, por um soldado
Manda ao negro dizer que ao preso deixe
E cuide em prosseguir no seu trabalho.
Os mesmos desumanos, que rodeiam
Tão bruto general, aqueles mesmos
Que, alegres, executam seus mandados,
Apenas escutaram tal preceito,
Um pouco emudeceram e tiveram
Os rostos tristes, muito tempo, baixos.
Os outros, Doroteu, deram suspiros
E, bem que forcejaram, não puderam
Fazer que os olhos não se enchessem d'água.

Eu creio, Doroteu, que tu já leste
Que um César dos romanos pertendera
Vestir ao seu cavalo a nobre toga
Dos velhos senadores. Esta história
Pode servir de fábula, que mostre
Que muitos homens, mais que as feras brutos,
Na verdade conseguem grandes honras!
Mas ah! prezado amigo, que ditosa
Não fora a nossa Chile, se antes visse
Adornado um cavalo com insígnias
De general supremo, do que ver-se
Obrigada a dobrar os seus joelhos
Na presença de um chefe, a quem os deuses
Somente deram a figura de homem!
Então, prezado amigo, o néscio povo
Com fitas lhe enfeitara as negras clinas,

Ornara a estrebaria com tapetes,
Com formosas pinturas, ricos panos,
Bordados reposteiros e cortinas;
Um dos grandes da terra lhe levara
Licor, para beber, em baldes d'ouro,
Outro lhe dera o milho em ricas salvas;
Mas sempre, Doroteu, aqueles néscios
Que ao bruto respeitassem, poderiam
Servi-lo acautelados e de sorte
Que dar-lhes não pudesse um leve coice.
Eis aqui, Doroteu, o que nos nega
Uma heroica virtude. Um louco chefe
O poder exercita do monarca
E os súditos não devem nem fugir-lhe
Nem tirar-lhe da mão a injusta espada.
Mas, caro Doroteu, um chefe destes
Só vem para castigo de pecados.
Os deuses não carecem de mandarem
Flagelos esquisitos; quase sempre
Nos punem com as coisas ordinárias.
O mundo inda não viu senão um corpo
Em branco sal mudado, e só no Egito
Fez novas penas de Moisés a vara.
Perguntarás agora que torpezas
Comete a nossa Chile, que mereça
Tão estranho flagelo? Não há homem
Que viva isento de delitos graves,
E, aonde se amontoam os viventes
Em cidades ou vilas, aí crescem
Os crimes e as desordens, aos milhares.
Talvez, prezado amigo, que nós, hoje,
Sintamos os castigos dos insultos
Que nossos pais fizeram; estes campos
Estão cobertos de insepultos ossos
De inumeráveis homens que mataram.
Aqui os europeus se divertiam

Em andarem à caça dos gentios,
Como à caça das feras, pelos matos.
Havia tal que dava aos seus cachorros,
Por diário sustento, humana carne,
Querendo desculpar tão grave culpa
Com dizer que os gentios, bem que tinham
A nossa semelhança enquanto aos corpos,
Não eram como nós enquanto às almas.
Que muito, pois, que Deus levante o braço
E puna os descendentes de uns tiranos
Que, sem razão alguma e por capricho,
Espalharam na terra tanto sangue!

Em que se contam as brejeirices de Fanfarrão

No meio desta terra há uma ponte,
Em cujos dois extremos se levantam
De dois grossos rendeiros as moradas;
E, apenas, Doroteu, o sol declina,
A descansar de Tétis no regaço,
Neste agradável sítio vão sentar-se
Os principais marotos e, com eles,
A brejeira família de palácio.

Aqui, meu bom amigo, aqui se passam
As horas em conversa deleitosa:
Um conta que o ministro, à meia-noite,
Entrara no quintal de certa dama;
Diz outro que se expôs uma criança,
À porta de Florício, e já lhe assina
O pai e mais a mãe; aquele aumenta
A bulha que Dirceu com Laura teve,
Por ciúmes cruéis da sua amásia;
Este chama a Simplício caloteiro
E mofa, ao mesmo tempo, de Frondélio,
Que o seu dinheiro guarda. Enfim, amigo,
Aqui, aqui de tudo se murmura.
Só se livra da língua venenosa
O que contrata em vendas de despachos
E quem se alegra, ao ver que a sua moça

Ajunta, pela prenda, um par de oitavas:
Que os membros do congresso são prudentes
E não querem que alguns dos companheiros
Tomem esta conversa em ar de chasco.
Amigo Doroteu, ah! neste sítio
Eu não me dilatara um breve instante
Em dia de trovões, bem que estivesse
Plantado todo de loureiros machos!

Por este sítio, pois, passei há pouco,
Cuidando que, por ser mui cedo ainda,
Não toparia a corja dos marotos.
Mas, apenas a vi, fiquei tremendo,
Qual fraco passageiro, quando avista,
Em deserto lugar, pintadas onças.
Contudo, Doroteu, criei esforço
E fui atravessando pelo meio,
Rezando sempre o credo e, por cautela,
Fazendo muitas cruzes sobre o peito.
Apenas me salvei daquele risco,
Um suspiro soltei, que encheu os ares,
E, voltando o semblante para o sítio
Em que os tais mariolas se assentavam,
Meneando a cabeça um par de vezes
E soltando um sorriso, em ar de mofa,
Dentro do meu discurso, assim lhes falo:
"Vocês, meus mariolas, meus tratantes,
Estão contando histórias das pessoas
De quem não são afetos, por que as levem
Aos ouvidos do chefe os seus lacaios;
Pois eu também já vou contar verdades,
Em que possam falar os homens sérios
Inda daqui a mais de um cento de anos".
Recolhi-me à choupana e, de repente,
Sem tirar a gravata do pescoço,
Entrei a pôr em limpo esta cartinha,

Que já, pelo caminho, vim compondo.

Entendo, Doroteu, que as nossas almas
Não são todas iguais; que o grande Jove
Fez umas de matéria muito pura,
Fez outras de matéria mais grosseira,
Por não perder as borras que ficaram.
Entendo, ainda mais, que o despenseiro,
Quando lhe vão pedir algumas almas,
Vai dando aquelas que primeiro encontra.
Por isso, às vezes, nascem os mochilas
Com brios de fidalgos, outras vezes
Os nobres com espíritos humildes,
Só dignos de animarem vis lacaios.
O nosso Fanfarrão, prezado amigo,
Nos dá mui boa prova: não se nega
Que tenha ilustre sangue, mas não dizem
Com seu ilustre sangue as suas obras.

Apenas, Doroteu, a noite chega,
Ninguém andar já pode, sem cautela,
Nos sujos corredores de palácio.
Uns batem com os peitos noutros peitos;
Outros quebram as testas noutras testas;
Qual leva um encontrão, que o vira em roda;
E qual, por defender a cara, fura,
Com os dedos que estende, incautos olhos.
Aqui se quebra a porta e ninguém fala;
Ali range a couceira e soa a chave;
Este anda de mansinho, aquele corre;
Um grita que o pisaram, outro inquire
"Quem é?" ao vulto, que lhe não responde.
Não temas, Doroteu, que não é nada,
Não são ladrões que ofendam, são donzelas
Que buscam aos devotos, que costumam
Fazer, de quando em quando, a sua esmola.

Chegam-se, enfim, as horas, em que o sono
Estende, na cidade, as negras asas,
Em cima dos viventes espremendo
Viçosas dormideiras. Tudo fica
Em profundo silêncio; só a casa,
A casa aonde habita o grande chefe,
Parece, Doroteu, que vem abaixo.
Fingindo a moça que levanta a saia
E voando na ponta dos dedinhos,
Prega no machacaz, de quem mais gosta,
A lasciva embigada, abrindo os braços.
Então o machacaz, mexendo a bunda,
Pondo uma mão na testa, outra na ilharga,
Ou dando alguns estalos com os dedos,
Seguindo das violas o compasso,
Lhe diz —"eu pago, eu pago"— e, de repente,
Sobre a torpe michela atira o salto.
Ó dança venturosa! Tu entravas
Nas humildes choupanas, onde as negras,
Aonde as vis mulatas, apertando
Por baixo do bandulho a larga cinta,
Te honravam c'os marotos e brejeiros,
Batendo sobre o chão o pé descalço.
Agora já consegues ter entrada
Nas casas mais honestas e palácios!
Ah! tu, famoso chefe, dás exemplo.
Tu já, tu já batucas, escondido
Debaixo dos teus tetos, com a moça
Que furtou ao senhor o teu Ribério!
Tu também já batucas sobre a sala
Da formosa comadre, quando o pede
A borracha função do santo Entrudo.
Ah! que isto, sendo pouco, é muito, e muito!
Que os exemplos dos chefes logo correm,
E correm muito mais, quando fomentam
Aqueles vícios a que os gênios puxam.

O tempo, Doroteu, voando foge,
E nunca os de palácio imaginaram
Que tão veloz fugia, como agora.
Acaba-se a função, e chega o dia;
vem abrir as janelas um criado,
E o chefe lhe pergunta que algazarra
Fizeram os mais servos toda a noite,
Que o não deixou dormir um breve instante.
O criado, que sabe que o bom chefe
Só quer que lhe confessem a verdade,
O sucesso lhe conta desta sorte:
"Fizemos esta noite um tal batuque!
Na ceia todos nós nos alegramos;
Entrou nele a mulher do teu lacaio;
Um só, senhor, não houve que, lascivo,
Com ela não brincasse; todos eles,
De bêbedos que estavam, não puderam
O intento conseguir; só eu, mais forte..."
Apenas isto diz o vil criado,
O chefe as costas vira e lhe responde,
Soltando um grande riso: "Fora, fracos!"

Já disse, Doroteu, que as mocetonas
Só entram em palácio quando estende
A noite sobre a terra a negra capa;
Que a formosa virtude da cautela
Até parece bem naquele mesmo
A quem a profissão lhe não exige
Que viva recatado, como vivem
As moças, que inda querem ser donzelas.
Agora, Doroteu, julgar já podes
Que saem de palácio muito cedo.
Assim é, Doroteu; as donzelinhas
Pela porta travessa vão saindo,
Mal tocam as garridas à primeira.
Mas a bela Rosinha fica e dorme,

Nos braços de Matúsio, a madrugada;
Só sai de dia claro, e o grande chefe
Lhe atira uma pedrinha da janela,
Só para que lhe dê um ar de graça!
Que grande estimação, Rosica bela!
Aqui se mostra bem que as outras moças
Não trazem, como trazes, lucro a casa.
Não há, prezado amigo, quem não queira
Mostrar-se liberal com sua dama.
Para dar-lhe o vestido, mais a capa,
O manto, a saia, a meia, a fita, o pente,
Tira o pobre de si e, destro, furta
O peralta rapaz ao pai jarreta.
Eu mesmo, Doroteu, que fui dos tantos
Que em Salamanca andaram, umas vezes
Doenças afetava, outras fingia
Necessitar de livros, ou de um traste,
Para mandar de mimo a certo lente.
Maldita sejas tu, harpia Olaia,
Que, enquanto não abria a minha bolsa,
Não mostravas, também, alegre, os dentes!
Esta paixão, amigo, que nos vence,
Nos próprios animais também se observa:
Esgravatam os galos sobre a terra
E, mal topam o grão ou a migalha,
Contentes cacarejam, por que a moça
Se vá utilizar do seu trabalho.
O nosso ilustre chefe, que se julga
De mui diversa massa do que somos,
Neste ponto, também, também conhece
Que está sujeito à miséria d'homem.

Nas obras, doce amigo, da cadeia,
Trabalham jornaleiros por salário.
Aqueles que carregam cal e pedra
Só ganham, por semana, meia oitava;

Aqueles que trabalham de canteiro
Ao menos ganham, cada dia, um quarto.
Tem, pois, certa mocinha quatro negros
Que apenas são serventes; mas o chefe
Ordena que, na féria, se lhes pague
A quarto os seus jornais, e creio, amigo,
Que ainda não consente se descontem
Os muitos dias que nas obras faltam.

As casas onde mora esta madama
Ainda não estavam acabadas;
Agora já de longe a cal alveja.
Quem entra dentro delas já recreia
Os olhos nas pinturas das paredes
E teto apainelado, a quem, um dia,
Supria, Doroteu, a grossa esteira.
Não quis o nosso herói chamasse a moça,
Para mestre das obras, um pedreiro:
Entregou o conserto ao grão-tenente,
Que o fez baratinho, c'o massame
Que pertencia às obras da cadeia.

Entende Fanfarrão que não devia
Deixar ao desamparo a sua dama;
Que a lei da Igreja pede que amparemos
As que, por nossa culpa, se perderam,
E a lei da fidalguia, que professa
O nosso chefe, manda que ele ampare
Às mesmas, que na fama já têm nota,
Contanto que isto seja à custa alheia.
Chama, pois, o bom chefe a um peralta,
Que era cabo de esquadra, e lhe comete
A glória de casar com uma dama
Que, se não fez descer dos céus à terra
Ao Supremo Tonante, fez, contudo,
Humanizar um chefe, que descende

Da mais distinta, mais soberba raça.
Que súbita alegria banha o rosto
Deste inocente cabo! Nos seus olhos
As lágrimas rebentam, e os seus beiços
Formar não podem uma só palavra.
A dita, Doroteu, é muito grande.
Que fortuna não é casar um pobre
Com a rica viúva de um fidalgo?
Chamar ao fidalguinho, que ele deixa,
Ou enteado ou filho? Aparentar-se
Com todos os magnates desta terra
Em grau tão conhecido e tão chegado?
Esta grande ventura, doce amigo,
Para todos não é. O negro demo
A guarda para prêmio dos serviços
Dos chefes principais dos seus bandalhos.

Mas ah! prezado amigo, que o bom chefe
Já manda aparelhar as magras bestas,
Que têm de conduzir-lhe o pobre fato
Que trouxe lá da corte; e se o casquilho
Não chega a receber a cara esposa
Primeiro que ele no governo morra,
Bem pode ser, amigo, se arrependa
E que, depois de ter cingido a banda
E empunhado o bastão, lhe pregue o mono.
Faltaram às promessas outros homens,
Que, de honrados, nos deram muitas provas.
Como faltar não pode ao seu ajuste
Um fraco coração, uma alma indigna
Que, por tão baixo preço, a honra vende?
Cautela e mais cautela; sim, o chefe
Não saberá mandar armadas tropas,
Nem saberá reger as cultas gentes,
Mas, para o não lograrem, sabe, astuto,
Dar todas as cadimas providências.

Escreve ao velho bispo e lhe suplica
Que em todos os três banhos o dispense;
Não expende razão que justa seja;
Porém o velho bispo tem bom gênio
E em todos os proclamas o dispensa;
Que ele tem grandes letras e bem sabe
Que os cânones da Igreja não pensaram
Da espécie singular de quando um chefe
Quer, à pressa, casar a sua amásia.
Ah! se ele estas desordens não fizera,
Não daria motivo a ser cantado
Por sábia, oculta musa, em um poema!

Agora inquirirás, prezado amigo,
Se é este sábio bispo aquele mesmo,
Que o bruto Fanfarrão, em certo dia,
Meteu na sua sege, ao lado esquerdo?
É este, sim, senhor, o mesmo bispo,
A quem o nosso chefe desalmado,
Enquanto governou a nossa Chile,
Já dentro de palácio e já na rua,
Tratou como quem trata um vil podengo.
De novo inquirirás: "Então um chefe,
Que trata dessa sorte ao seu prelado,
Atreve-se a pedir-lhe que lhe faça
Dispensa em uma lei, a benefício
Da sua torpe amásia?" Eu, doce amigo,
Ainda duvidara, se pedira
Me desse absolvição dos meus pecados,
Ao ver-me para dar a Deus minha alma.
O mesmo, Doroteu, também fizeras;
Mas tu, prezado amigo, não conheces
O sistema que tem tão vil canalha.
Uma mui grande parte destes chefes
Assenta em procurar seu interesse
Por todos os caminhos, e acredita

Que o brio e pundonor, que nós prezamos,
São umas vãs fantasmas, que só devem
Honrar de simples voz aqueles homens
Que vêm de uma distinta e velha raça.
Para estes a nobreza está nos termos
Do sórdido monturo, em que se deita
Quanta imundície têm as velhas casas.
Ditoso de quem vive, neste mundo,
No estado de ver rir os outros homens
Das suas vis ações, sem que lhe suba
Um vermelho sinal de pejo à cara!
Mas ah! meu doce amigo, quanto, quanto
Se enganam estes monstros, que a nobreza
É um vestido branco, aonde logo,
Aos olhos aparece a leve mancha!

Já chega, Doroteu, o alegre dia,
O dia venturoso do noivado.
Entra no santo templo a linda esposa,
Coberta toda de umas novas graças.
Os seus louros cabelos não flutuam,
Levados pelo vento a toda parte;
Em tranças se dividem e se prendem
No pente, a quem esconde um branco laço;
Nos cabelos da frente resplandecem
Das pedras de mais custo os fogos vários;
A sua testa iguala à pura neve
E são da cor da rosa as suas faces;
São pérolas mimosas os seus dentes,
As gengivas rubis, e os grossos beiços
Estão cobertos dos cheirosos cravos.
Talvez, talvez não fosse tão formosa
A mesma que obrigou ao forte Aquiles
A que, terno, vestisse a mole saia.

Neste sagrado templo não se adora
A imagem do Himeneu; aqui os noivos,
Para prova da fé que, eterna, dura,
Não recebem na mão acesa tocha.
Ministro do Senhor é quem os prende,
Cobrindo as castas mãos, com que se enlaçam,
Co'a branca ponta da pendente estola.
Aqui lascivas graças, nus amores
Não cercam os consortes, nem meneiam,
Em torno dos altares e das piras,
Os vistosos festões de lindas flores.
Aqui, aqui só entram as virtudes,
A cândida modéstia, a inocência,
A santa honestidade e a vergonha.
São estas e não outras as que correm
A receber, à porta do edifício,
Os sinceros amantes; sim, são estas,
São estas e não outras, as que espalham,
Debaixo dos seus pés, cheirosas folhas
E as que fazem queimar, sobre os braseiros,
O incenso devoto e os mais aromas.
Recebem estes gênios aos dois noivos
E ao ministro do altar os apresentam.
Ah! formosa Marília, agora, agora
Se aumentam tuas graças, pois te aviva
A cor da linda face um novo pejo!
Com que custo não dás a mão nevada
Ao teu amado Adônis, que a recebe
Como quem lucra nela o seu tesouro!

Já não veste Jelônio a grossa farda
Com divisas de lã e, sobre a testa,
Não põe a barretina, a quem enfeita
Com armas e botões de grosso estanho.
Já não cinge as correias amarelas,
Nem carrega na cinta o peso enorme

Dos férreos copos da comprida espada.
Jelônio se mudou, Jelônio é outro!

Já brilham, nos canhões, os alamares
Das finas lantejoulas, e, nos ombros,
Já brilham as dragonas, enfeitadas
C'os grandes cachos das lustrosas flores.
Jelônio se mudou, Jelônio é outro.

A veste de cetim já resplandece
Orlada co'o galão da fina prata,
E, por cima da veste, já se enrola,
Na cintura, a vermelha e rica banda.
Jelônio se mudou, Jelônio é outro!
Como está belo! Como está casquilho!
Concerta do babado a fina renda,
Olha uma e outra vez os alamares,
Endireita a cucula, estende a perna;
Não consente um só fio sobre a farda;
Levanta o pescocinho, morde os beiços,
E o seu cabelo com a mão afaga.
Jelônio se namora de si mesmo,
Ainda, ainda mais que o terno Adônis,
Quando viu o seu rosto dentro d'água.
Jelônio se mudou, Jelônio é outro!

Então, os militares que o rodeiam,
Amado Doroteu, risonhos, mofam.
Um pisa com o pé nos pés vizinhos;
Puxa outro pelas pontas das fardetas
Aos amigos chegados; este acena
C'os olhos e cabeça aos companheiros
Que lhe ficam defronte; aquele tapa,
Fingindo que tem tosse, a alegre boca;
Qual foge da presença... mas que vejo!
Tu, Doroteu, carregas sobre os olhos

As grossas sobrancelhas? Tu enrugas
A testa levantada? Tu inflamas
As faces já desfeitas e suspiras?
Acaso tu presumes que eu murmuro
Do fato de casar o nosso chefe
A sua terna amásia? Não, amigo,
Eu conheço, também, aonde chegam
Os deveres de quem nasceu fidalgo:
Obrou o nosso chefe o que eu faria.
Murmuro, Doroteu, mas é do dote;
Do dote, sim, do dote. Dize, a banda,
O castão de coquilho, as mais insígnias,
São dotes que se deem a um soldado,
Porque serviu ao chefe, em receber-lhe,
Sem vergonha do mundo, a sua amiga?
Não achas insolência e desaforo
Ver os porta-bandeiras, os cadetes,
E os furriéis já velhos, preteridos
Só para premiar-se com o posto,
Que por lei lhes pertence, um torpe crime?
São estes, Doroteu, os grandes cabos,
De quem a triste pátria fiar deve
A sua salvação? São estes? Dize...
Agora já te calas. Pois não tornes
A mostrar-me, outra vez, o gesto irado,
Que um dia hei de enfadar-me e, se me enfadas,
Ainda que me peças de joelhos,
Não hás de receber da minha pena,
Em verso ou prosa, mais uma só carta.

CARTA 12ª

Aquele que se jacta de fidalgo
Não cessa de contar progenitores
Da raça dos suevos, mais dos godos;
O valente soldado gasta o dia
Em falar das batalhas, e nos mostra
Das feridas, que preza, cheio o corpo;
O louco namorado não descansa,
Enquanto tem quem ouça as aventuras
Que fez com as madamas, mais senhoras,
Benzendo-se mil vezes, quando chega
Aos lances apertados de ser visto
Dos maridos, dos pais e dos parentes,
Em que, só por milagre, não foi morto.
Assim, assim, também, o teu Critilo
Não cansa de escrever-te, enquanto encontra
Do tolo Fanfarrão, do indigno chefe,
Estranhas bandalhices, que te conte.
Ah! sofre, amigo, que te gaste o tempo,
Pois conter-se não pode, bem que queira,
Que a força da paixão assopra a chama,
A chama ativa do picante gênio.

Já sabes, Doroteu, aonde chega
Do nosso Fanfarrão a bizarria
Em premiar serviços de uma dama.

Agora, nesta carta, vou mostrar-te
Até aonde chegam as grandezas
Que fez com os marotos, por que tenhas,
Do seu fidalgo gênio noção clara.

Qual negra tempestade, que carrega
As nuvens de cupins e de formigas,
Que criam, com as chuvas, longas asas,
Assim o nosso chefe traz consigo
Arribação infame de bandalhos,
Que geram também asas, com a muita,
Nociva audácia que lhes dá seu amo.
Na corja dos marotos aparece
Um magriço mulato, a quem o chefe,
Por ocultas razões estima e preza.
Talvez que, noutro tempo, lhe levasse
Os miúdos papéis às suas damas.
Ocupação distinta, que já teve
Um famoso Mercúrio, que comia
Sentado à mesa dos mais altos deuses.
Deseja o nosso chefe que este lucre
Quatrocentas oitavas, pelo menos,
E, para que não saiam de seu bolso,
Descobre esta feliz e nova ideia:
Dispõe dos bens alheios como próprios;
No público teatro de Lupésio
Ordena, Doroteu, se represente
Uma vista comédia, por que fiquem
Para o velho mulato os lucros dela.
Ordena, ainda mais, que o seu Robério
Os boletos reparta pelas damas,
Pelos contratadores opulentos
E por quantos casquilhos os quiserem
Pagar, ao menos, por dobrado preço.
Robério assim o faz; supõe, coitado,
Que prometeu pedir alguma missa.

E, junto c'o mulato, vai entrando
Em uma e outra casa, aonde deixa
Ou selado papel, para a plateia,
Ou, com tábua pendente, a velha chave.
Ah! nota, Doroteu, que ação tão feia!
Aquele bruto chefe, que não paga
Às pessoas mais nobres o cortejo
Sequer por um criado, agora manda
Que o seu próprio Robério, o seu bom aio,
Ande de porta em porta, qual mendigo,
Pedindo para um bode a benta esmola!
Então, amigo, a quem? a quem? aos mesmos
Que tem desfeiteado muitas vezes,
E às pobres, que é mais, às pobres moças,
Que hão de ganhar, à custa do seu corpo,
Com que possam pagar deste convite
Um tão avantajado, indigno preço.
Maldita sejas tu, pouca vergonha,
Que tanto influxo tens sobre este leso!

Chegou-se, Doroteu, a noite alegre
Destinada à função; e o vil Robério
Dá nova prova de fervor e zelo:
Vai-se pôr, com o traste do mulato,
Na porta da plateia, e, quando acaba
A primeira jornada, também corre
Os cheios camarotes: fina ideia!
Para ver se os tolinhos assim largam,
Na copa do chapéu que a esmola apanha,
Embrulhos de mais peso! Ah! doce amigo,
Quem bandalho nasceu, inda que suba
Ao posto de major, morreu bandalho,
Que o tronco, se dá fruto azedo ou doce,
Procede da semente e qualidade
Da negra terra, em que foi gerado.

Servia-se este chefe de um lacaio,
E, por não lhe pagar salário certo,
Deu neste ardil também: quando ia às festas
Lhe dava o seu brandão, e as mais pessoas,
Que estavam na tribuna, por obséquio,
Lhe davam as compridas, grossas velas.
Se dava algum despacho, de que vinha
Proveito à parte rica, lho entregava,
Por que fosse ganhar o grande prêmio
Com que os néscios, servidos, o brindavam.
Nas vésperas, amigo, da partida,
Tratou de lhe fazer maior a safra:
Passou atestações a todo o mundo
E, sem saber se o mundo lhas queria,
Mandou ao mesmo servo as entregasse
E os prêmios do trabalho recolhesse!
Maldita sejas tu, pouca vergonha,
Que tanto influxo tens sobre este leso!

Havia, Doroteu... mas não gastemos
O tempo em referir mais bandalhices
Da mesma natureza; refiramos
Outras, que sejam de diversa classe.
Não quero, Doroteu, que o justo tédio,
Que infunde a semelhança, te duplique
O tédio que produz a minha frase.

Fizeram os devotos de uma imagem,
Da festa protetor, ao grande chefe.
Aceita o Fanfarrão do cargo a honra
E medita fazer um grão festejo:
Ordena aos cavalheiros, que vieram
Correr as argolinhas, em obséquio
Do ditoso consórcio dos infantes,
Que esperem, nesta terra, à sua custa,
E que, nos dias da função, repitam

Os feitos jogos, com o mesmo lustre.
Manda que o grande curro, que o Senado
Fez levantar na praia, permaneça,
E venham os boizinhos, que, por serem
Mais bravos do que os outros, se guardaram,
Mal rapavam o chão e mal corriam,
Atrás do mau capinha, no terreiro.
Eis aqui, eis aqui, amigo, o como
Se fazem coisas grandes, sem despesa.
Manda mais o bom chefe que se aluguem
Os palanques a quatro oitavas d'ouro,
Para que se comprasse um patrimônio
À sacrossanta imagem, deste lucro.
Que sábias intenções, que fins tão santos!
Celebram-se os festins, e não escapa
Um camarote só, que não se alugue;
Mas deste rendimento não se sabe,
Que a compra se meteu, de todo, a bulha.

Não penses, Doroteu, que o nosso chefe
Comeu este dinheiro. Longe, longe
De nós este tão baixo pensamento.
Indo já no caminho, o seu Matúsio
Passou sobre Marquésio certa letra,
Para que se pagasse ao Santo Cristo.
Agora considera se este fato
Não mostra que ele zela a consciência.
Agora inquirirás se o tal Marquésio
Pôs na sacada letra o seu "aceito".
Não pôs, não pôs, amigo, porque disse
Que deste passador não tinha efeitos.
Porém o bom Matúsio, mais seu amo,
Levam as consciências descansadas,
Pois não devem supor, pelo costume,
Que a letra não pagasse o mau rendeiro.
Maldita sejas tu, pouca vergonha,

Que tanto influxo tens sobre este leso!

Roubou um seu criado a certa escrava
E dentro lha meteu do seu palácio.
Conheceu o senhor quem fez o furto,
E foi pedir ao chefe que mandasse
Que o terno roubador restituísse
A serva, com os lucros, pois cedia
De toda a mais ação, que a lei lhe dava.
Que entendes, Doroteu, que obrou o chefe?
Que fez um sério exame sobre o caso?
Que, conhecendo ser a queixa justa,
Meteu em duros ferros ao criado?
Que não lhe perdoou, enquanto o mesmo
Ofendido queixoso não lhe veio
Suplicar o perdão da culpa grave?
Devias esperar que assim fizesse,
Mas, quando a razão pede certa coisa,
Ele, então, executa o seu contrário.
Não zela, Doroteu, a sã justiça,
Nem zela a honra própria, maculada
Na sua habitação, que o servo muda
Em torpe lupanário. Não, não zela;
Antes, prezado amigo, austero, estranha
Ao mísero queixoso que se atreva
A supor que os seus servos são capazes
De poderem obrar excessos destes.
Maldita sejas tu, pouca vergonha,
Que tanto influxo tens sobre este leso!

Passados alguns tempos, Ludovino
Encontrou, uma noite, a sua escrava
E a casa conduziu do bom Saônio,
Aonde, em hospedagem, se abrigava.
Aqui lhe perguntou a longa história
Da fugida que fez, e a triste serva,

Com ânimo sincero, assim lhe fala:
"Ribério me induziu a que fugisse,
Meteu-me no seu quarto, aonde estive
Fechada muitos dias. Alugou-me,
Depois, uma casinha; aqui me dava
Dos sobejos da mesa de seu amo,
Para eu alimentar a pobre vida.
Tive dele dois filhos; o demônio
Enganou-me, senhor, cuidei..." E, nisto,
Queria mais dizer, porém, de pejo,
As lágrimas lhe estalam, e se cortam
As últimas palavras com suspiros.
Agora dirás tu, amigo honrado:
"Agora, agora sim, agora é tempo,
Insolente Ribério, de nós vermos,
Para exemplo dos mais, o teu castigo.
Os soldados já marcham, já te prendem,
Já vens maniatado, já te metem
Na sórdida enxovia, já te encaixam
No pescoço a corrente, e vais marchando
Com rosto baixo, a ver Angola ou Índia".
Devagar, devagar com essas coisas:
Os servos de palácio são os duques
Do nosso Santiago, e não se prendem
Por essas, nem por outras ninharias.
Atrevidos soldados já se aprontam,
Mas não para prenderem a Ribério,
Sim para conduzirem, entre as armas,
Ao pobre Ludovino, e a sua serva,
Que já buscando vão a sua casa,
Que dista desta terra muitas léguas.
É o mesmo Ribério quem caminha
A fazer, Doroteu, a diligência,
Cobrindo a testa da insolente esquadra.
Já viste, Doroteu, insultos destes?
Já viste que pertenda um homem sério

Que, à força, um bom senhor de si demita
A escrava desonesta, porque possa
Ficar na mancebia? Já, já viste
Que se mande prender ao ultrajado
Pelo mesmo ladrão? Ah! caro amigo,
Que destas insolências que te conto,
Apenas pode ver quem mora em Chile!
Maldita sejas tu, pouca vergonha,
Que tanto influxo tens sobre este leso!

Há nesta grande terra um homem sábio
E o único formado em medicina.
A este bom doutor estimam todos,
Por sua profissão, por seus talentos,
Por seu afável modo e, mais que tudo,
Pelas muitas virtudes que respira.
Curava o nosso sábio a certo enfermo
E, vendo a vária febre e os mais sintomas,
Ordena que ele tome um copo d'água,
A que dá de Inglaterra o povo o nome.
Manda-lhe o boticário uma botelha,
Que já servido tinha; o sábio, atento
A que ela poderia ter perdido
A força natural, a não aprova,
E passa a receitar outro composto,
Que possa produzir o mesmo efeito.
Chorando, o boticário sobe ao chefe
E diz-lhe que o doutor a rejeitara,
Por ser seu inimigo e, desta sorte,
Tirar-lhe da botica o bom conceito.
Manda o chefe chamar aos boticários
E manda que examinem a garrafa;
Concordam os doutores que não tinha
Ainda corrupção, talvez por verem
Que ainda conservava algum amargo.
Então, então o chefe, enfurecido,

Ordena ao ajudante que ali mesmo
Avise ao professor que ele tem ferros,
Cadeias e galés, com que reprima,
Se neles prosseguir, os seus excessos.
Maldita sejas tu, pouca vergonha,
Que tanto influxo tens sobre este leso!

Pensavas, Doroteu, que o nosso chefe
Passasse à insolência, que refiro,
De insultar, por amor de um vil mulato,
Um velho professor tão bem aceito,
Um velho professor, além de sábio,
Na terra singular no seu ofício?
Não, meu prezado amigo, não pensavas;
Pois quero, Doroteu, dizer-te a causa:
Esta grave ameaça e grave insulto
Foi feita em tom de paga, porque o bode
Curava, cuidadoso, ao próprio chefe,
De mal oculto, que a modéstia cala.
Maldita sejas tu, pouca vergonha,
Que tanto influxo tens sobre este leso!

Ah! dize, Doroteu, por que motivo
O pai de Fanfarrão o não pôs antes
Na loja de algum hábil sapateiro,
C'os moços aprendizes deste ofício?
Agora dirás tu: "Nasceu fidalgo,
E as grandes personagens não se ocupam
Em baixos exercícios". Nada dizes.
Tonante, Doroteu, é pai dos deuses:
Nasceu-lhe o seu Vulcano e nasceu feio.
Mal o bom pai o viu, pregou-lhe um coice
Que o pôs do Olimpo fora, e o pobre moço
Foi abrir uma tenda de ferreiro.

CARTA 13ª

....

....

....

....

Ainda, caro amigo, ainda existem
Os vestígios dos templos suntuosos,
Que a mão religiosa do bom Numa
Ergueu a Marte e levantou a Jano.
Ainda, ainda lemos que elegera
Para estas divindades sacerdotes,
E que muitas donzelas consagrara,
A fim de conservar-se aceso o fogo
Em o templo de Vesta, sobre as aras.
Também, também sabemos que este sábio,
Para ter mais conceito entre o seu povo,
Fingiu que a ninfa Egéria, sendo noite,
Vinha falar com ele, e que, benigna,
A forma do governo lhe inspirava.
O mesmo fez Sertório, que dizia
Que nada executava, que não fosse
Ensinado por uma branca cerva,
Que a deusa caçadora lhe mandara.
Mafoma, o vil Mafoma, astuto segue
Também este sistema: ao seu ouvido

Acostuma a chegar-se a mansa pomba.
A nação ignorante se convence
De que este seu profeta conhecia
Os segredos do céu, por este meio.
Não há, meu Doroteu, não há um chefe,
Bem que perverso seja, que não finja
Pela religião um justo zelo,
E, quando não o faça por virtude,
Sempre, ao menos, o mostra por sistema.
....
....
....
....

❖

Texto complementar

Documentos de época

Carta de Gonzaga a Tomás Correia Porto

Sr. Tomás Correia Porto

Meu especial amigo, já lhe tenho escrito várias cartas; e agora faço estas regras para ver se se acha algum navio pelo Cabo, ou se o navio, em que vão outras, arriba a algum porto da contracosta, de donde fique mais breve a condução. Eu cheguei bom no último de julho, e estou hóspede do Ouvidor e estimado muito de todos. A terra não é má, tem belos frutos, e tem seu peixe, e com isto se supre a falta da carne, que cá não se vende. Os ares não são tão maus como se pintam. Talvez que essa cidade seja muito pior. Eu espero fazer conveniência pelas letras e pelo negócio, que é geral. Darei parte do que for sucedendo e, entretanto, que não voa este tempo, suspirarei pelo ver, e por ocasiões de lhe mostrar, que é.

Moçambique, 25 de agosto de 1792.

De V.M.
Amigo muito fiel e seu muito obrigado
Tomás Antônio Gonzaga

Provimento do lugar de juiz da Alfândega, por morte de Gonzaga

Passe alvará a Antônio de Cruz e Almeida para servir o ofício de Juiz d'Alfândega desta Capitania, interinamente por tempo de seis meses, vago por falecimento de Tomás Antônio Gonzaga.

Palácio de S. Paulo de Moçambique,
19 de fevereiro de 1810.

[Assinatura ilegível]

Cartas chilenas*

Tomás Antônio Gonzaga

TEXTO INTEGRAL

1. Leia a definição de "engajamento", do *Dicionário Eletrônico Aurélio da Língua Portuguesa*:

"Situação de quem sabe que é solidário com as circunstâncias sociais, históricas e nacionais em que vive, e procura, pois, ter consciência das consequências morais e sociais de seus princípios e atitudes."

Responda:

a) Segundo essa definição, o que seria uma "literatura engajada"?
b) Pode-se afirmar que *Cartas chilenas* é um exemplo desse tipo de literatura? Por quê?

2. Leia o trecho abaixo de *Cartas chilenas*:

"As longas calças pelo umbigo atadas,
Amarelo colete e sobretudo
Vestida uma vermelha e justa farda
De cada bolso da fardeta, pendem
Listadas pontas de dois brancos lenços;

---

* Para que o professor possa trabalhar o Guia de Leitura com os alunos em sala de aula, não publicamos, aqui, o gabarito das questões. No entanto, pode-se obtê-lo entrando em contato conosco pelo telefone: (11) 3672 8144. Disponibilizamos o gabarito apenas para professores.

Na cabeça vazia se atravessa
Um chapéu desmarcado, nem sei como
Sustenta o pobre só do laço o peso.
Ah! tu, Catão severo, tu que estranhas
O rir-se um cônsul moço, que fizeras
Se em Chile agora entrasses e se visses
Ser o rei dos peraltas quem governa?
Já lá vai, Doroteu, aquela idade
Em que os próprios mancebos, que subiam
À honra do governo, aos outros davam."

A que personagem o trecho se refere? Justifique.

3. Em versos como "Na cabeça vazia se atravessa / Um chapéu desmarcado, nem sei como" e "Ser o rei dos peraltas quem governa?", o autor usa de um artifício para criticar. De que artifício se trata?

4. a) Pode-se afirmar que esse artifício permeia toda a obra do poeta?
b) É possível afirmar, então, que esse artifício é uma característica do estilo do autor?

5. A obra *Cartas chilenas* suscitou dúvidas de autoria durante mais de um século. Por quê?

6. a) De que cidade o narrador escreve?
b) Na realidade, essa cidade simboliza outra. Qual seria?

7. O que foi a Inconfidência Mineira e que papel nela desempenhou Tomás Antônio Gonzaga?

8. Quem seria o personagem Doroteu na vida real?

Questões de vestibular

As questões de números **1 a 3** tomam por base um trecho do poema satírico *Cartas chilenas*, do poeta neoclássico Tomás Antônio Gonzaga (1744-1810), e um fragmento do poema *João Boa-Morte, cabra marcado para morrer*, do poeta neoconcretista Ferreira Gullar (1930).

Cartas chilenas

"Os grandes, Doroteu, da nossa Espanha
têm diversas herdades: umas delas
dão trigo, dão centeio e dão cevada;
as outras têm cascatas e pomares,
com outras muitas peças, que só servem,
nos calmosos verões, de algum recreio.
Assim os generais da nossa Chile
têm diversas fazendas: numas passam
as horas de descanso, as outras geram
os milhos, os feijões e os úteis frutos,
que podem sustentar as grandes casas.
(...)
Amigo Doroteu, és pouco esperto;
as fazendas que pinto não são dessas
que têm para as culturas largos campos
e virgens matarias, cujos troncos
levantam, sobre as nuvens, grossos ramos.
Não são, não são fazendas onde paste
o lanudo carneiro e a gorda vaca,
a vaca, que salpica as brandas ervas
com o leite encorpado, que lhe escorre

das lisas tetas, que no chão lhe arrastam.
Não são, enfim, herdades, onde as loiras,
zunidoras abelhas de mil castas,
nos côncavos das árvores já velhas,
que bálsamos destilam, escondidas,
fabriquem rumas de gostosos favos.
Estas quintas são quintas só no nome,
pois são os dois contratos que utilizam
aos chefes, ainda mais que o próprio Estado.
Cada triênio, pois, os nossos chefes
levantam duas quintas ou herdades,
e, quando o lavrador da terra inculta
despende o seu dinheiro, no princípio,
fazendo levantar, de paus robustos,
as casas de vivenda e, junto delas,
em volta de um terreiro, as vis senzalas,
os nossos generais, pelo contrário,
quando estas quintas fazem, logo embolsam
uma grande porção de loiras barras."

João Boa-Morte

"Vou contar para vocês
um caso que sucedeu
na Paraíba do Norte
com um homem que se chamava
Pedro João Boa-Morte,
lavrador de Chapadinha:
talvez tenha morte boa
porque vida ele não tinha.
Sucedeu na Paraíba
mas é uma história banal
em todo aquele Nordeste.
Podia ser em Sergipe,
Pernambuco ou Maranhão,
que todo cabra da peste
ali se chama João
Boa-Morte, vida não.
Morava João nas terras
de um coronel muito rico.

Tinha mulher e seis filhos,
um cão que chamava "Chico",
um facão de cortar mato,
um chapéu e um tico-tico.
Trabalhava noite e dia
nas terras do fazendeiro.
Mal dormia, mal comia,
mal recebia dinheiro;
se recebia não dava
pra acender o candeeiro.
João não sabia como
fugir desse cativeiro."

(Ferreira Gullar, *João Boa-Morte, cabra marcado para morrer*. 1ª edição: 1962.)

1. (Unesp) No fragmento das *Cartas chilenas*, a identidade das personagens censuradas pelo eu poemático é fragmentada em expressões como "os grandes", "os generais" e "os chefes".

Em *João Boa-Morte*, embora o enunciador revele ter um nome, sua identidade também se coletiviza e ele perde a individualidade, absorvida pela situação descrita no poema. Com base nessa opção,

a) explique por que motivo essa personagem deixa de ser individualizada e acaba assumindo uma dimensão tipicamente coletiva;

b) transcreva os dois versos de *João Boa-Morte*, em que o eu poemático reconhece essa coletivização da identidade.

2. (Unesp) Aspectos da métrica e da rima costumam ser diferenciais de certos períodos literários. Esses recursos podem ligar os poemas de Gonzaga e de Ferreira Gullar com o Neoclassicismo, de um lado, e com a transposição de temas para a literatura de cordel, de outro. Tendo em vista essas possibilidades,

a) aponte as diferenças entre os dois poemas, quanto ao número de sílabas métricas e quanto ao emprego de rimas;

b) identifique um par de expressões rimadas, na segunda estrofe do poema de Ferreira Gullar, que remete à região onde é típica a literatura de cordel.

3. (Unesp) Em *João Boa-Morte*, o vocábulo "cativeiro" enfatiza o tipo de tratamento, próprio da escravidão, dispensado pelo fazendeiro ao seu empregado. Nas *Cartas chilenas*, o eu poemático denuncia a corrupção das autoridades, mas, em certo momento, faz também uma referência à escravidão. Relendo o texto de Gonzaga,

a) destaque o verso desse poema que contém essa alusão a elementos ligados à escravidão;

b) indique a palavra, no verso encontrado, que resume a opinião do eu poemático quanto à escravidão, justificando sua escolha.

4. (Vunesp) Há no Arcadismo brasileiro uma obra satírica de forma epistolar que suscitou dúvidas de autoria durante mais de um século. Assinale abaixo a alternativa que apresente o nome correto dessa obra e seu autor mais provável:

a) *O Reino da estupidez* e Francisco de Melo Franco
b) *Viola de Lereno* e Domingos Caldas Barbosa
c) *O desertor* e Manuel Inácio da Silva Alvarenga
d) *Cartas chilenas* e Tomás Antônio Gonzaga
e) *Os Bruzundangas* e Lima Barreto

5. (PUCCAMP) Pode-se afirmar que *Marília de Dirceu* e *Cartas chilenas* são, respectivamente:

a) altas expressões do lirismo amoroso e da sátira política, na literatura do século XVIII.

b) exemplos da poesia biográfica e da literatura epistolar cultivadas no século XVII.

c) exemplo do lirismo amoroso e da poesia de combate, cultivados sobretudo pelos poetas românticos da chamada "terceira geração".

d) altas expressões do lirismo e da sátira da nossa poesia barroca.

e) expressões menores da prosa e da poesia do nosso Arcadismo, cultivadas no interior das academias.

6. (FEI) Assinale a alternativa *incorreta*.

a) os primeiros textos da literatura brasileira são informações que viajantes e missionários europeus colheram sobre a natureza e a gente brasileira.

b) Gregório de Matos, que viveu no século XVII, destacou-se como poeta lírico e satírico.

c) religiosidade, antítese, paradoxos, contraste material x espiritual são características do Barroco.

d) embora anônima, sabe-se que a obra *Cartas chilenas* foi escrita por Tomás Antônio Gonzaga no século XVIII. É uma sátira política. Nela, critica-se o governador de Minas Gerais, Luís da Cunha Meneses, que aparece como Fanfarrão Minésio.

e) Cláudio Manuel da Costa e Tomás Antônio Gonzaga destacaram-se como os grandes poetas épicos do Arcadismo brasileiro.

7. (Fatec) Sobre o Arcadismo brasileiro só *não* se pode afirmar que:

a) tem suas fontes nos antigos grandes autores gregos e latinos, dos quais imita os motivos e as formas.

b) teve em Cláudio Manuel da Costa o representante que, de forma original, recusou a motivação bucólica e os modelos camonianos da lírica amorosa.

c) legou-nos os poemas de feição épica *Caramuru* (de Frei José de Santa Rita Durão) e *O Uraguai* (de Basílio da Gama), no qual se reconhece a qualidade literária destacada em relação ao primeiro.

d) norteou, em termos dos valores éticos básicos, a produção dos versos de *Marília de Dirceu*, obra que celebrizou Tomás Antônio Gonzaga e que destaca a originalidade de estilo e de tratamento local dos temas pelo autor.

e) apresentou uma corrente de conotação ideológica envolvida com as questões sociais do seu tempo, como a crítica aos abusos do poder da Coroa Portuguesa.

8. (Fuvest) Assinale a alternativa que apresenta dois poetas que participaram da Inconfidência Mineira:

a) Cláudio Manoel da Costa e Tomás Antônio Gonzaga.
b) Castro Alves e Tomás Antônio Gonzaga.
c) Gonçalves Dias e Cláudio Manuel da Costa.
d) Gonçalves Dias e Gonçalves de Magalhães.
e) Gonçalves de Magalhães e Castro Alves.

❖

1. a) A personagem deixa de ser individualizada e acaba assumindo uma dimensão tipicamente coletiva na medida em que seu drama pessoal se estende a todos que vivem naquela região. O que sucede a um costuma suceder a todos. “João Boa-Morte” representa uma alegoria daquela população.

b) Dois versos de João Boa-Morte em que o eu poemático reconhece essa coletivização da identidade: “que todo cabra da peste / ali se chama João”.

2. a) Em *Cartas chilenas*, Tomás Antônio Gonzaga escreve versos decassílabos brancos. Já Ferreira Gullar faz uso de redondilhas maiores, alternando versos rimados com versos brancos, sem seguir um esquema fixo de rimas.

b) Um par de expressões rimadas, na segunda estrofe do poema de Ferreira Gullar, que remete à região onde é típica a literatura de cordel: “Nordeste” e “cabra da peste”.

3. a) O verso que faz referências aos elementos ligados à escravidão é: “em volta de um terreiro, as vis senzalas”.

b) A palavra é “vis”, que desqualifica o substantivo “senzalas” e resume a opinião do eu poemático em relação ao sistema escravocrata.

4. d

5. a

6. e

7. b

8. a

O objetivo, a filosofia e a missão da Editora Martin Claret

O principal objetivo da Martin Claret é contribuir para a difusão da educação e da cultura, por meio da democratização do livro, usando os canais de comercialização habituais, além de criar novos.

A filosofia de trabalho da Martin Claret consiste em produzir livros de qualidade a um preço acessível, para que possam ser apreciados pelo maior número possível de leitores.

A missão da Martin Claret é conscientizar e motivar as pessoas a desenvolver e utilizar o seu pleno potencial espiritual, mental, emocional e social.

O livro muda as pessoas. Revolucione-se: leia mais para ser mais!

MARTIN CLARET

Relação dos Volumes Publicados

1. **Dom Casmurro**
   Machado de Assis
2. **O Príncipe**
   Maquiavel
3. **Mensagem**
   Fernando Pessoa
4. **O Lobo do Mar**
   Jack London
5. **A Arte da Prudência**
   Baltasar Gracián
6. **Iracema / Cinco Minutos**
   José de Alencar
7. **Inocência**
   Visconde de Taunay
8. **A Mulher de 30 Anos**
   Honoré de Balzac
9. **A Moreninha**
   Joaquim Manuel de Macedo
10. **A Escrava Isaura**
    Bernardo Guimarães
11. **As Viagens - "Il Milione"**
    Marco Polo
12. **O Retrato de Dorian Gray**
    Oscar Wilde
13. **A Volta ao Mundo em 80 Dias**
    Júlio Verne
14. **A Carne**
    Júlio Ribeiro
15. **Amor de Perdição**
    Camilo Castelo Branco
16. **Sonetos**
    Luís de Camões
17. **O Guarani**
    José de Alencar
18. **Memórias Póstumas de Brás Cubas**
    Machado de Assis
19. **Lira dos Vinte Anos**
    Álvares de Azevedo
20. **Apologia de Sócrates / Banquete**
    Platão
21. **A Metamorfose/Um Artista da Fome/Carta a Meu Pai**
    Franz Kafka
22. **Assim Falou Zaratustra**
    Friedrich Nietzsche
23. **Triste Fim de Policarpo Quaresma**
    Lima Barreto
24. **A Ilustre Casa de Ramires**
    Eça de Queirós
25. **Memórias de um Sargento de Milícias**
    Manuel Antônio de Almeida
26. **Robinson Crusoé**
    Daniel Defoe
27. **Espumas Flutuantes**
    Castro Alves
28. **O Ateneu**
    Raul Pompeia
29. **O Noviço / O Juiz de Paz da Roça / Quem Casa Quer Casa**
    Martins Pena
30. **A Relíquia**
    Eça de Queirós
31. **O Jogador**
    Dostoiévski
32. **Histórias Extraordinárias**
    Edgar Allan Poe
33. **Os Lusíadas**
    Luís de Camões
34. **As Aventuras de Tom Sawyer**
    Mark Twain
35. **Bola de Sebo e Outros Contos**
    Guy de Maupassant
36. **A República**
    Platão
37. **Elogio da Loucura**
    Erasmo de Rotterdam
38. **Caninos Brancos**
    Jack London
39. **Hamlet**
    William Shakespeare
40. **A Utopia**
    Thomas More
41. **O Processo**
    Franz Kafka
42. **O Médico e o Monstro**
    Robert Louis Stevenson
43. **Ecce Homo**
    Friedrich Nietzsche
44. **O Manifesto do Partido Comunista**
    Marx e Engels
45. **Discurso do Método / Regras para a Direção do Espírito**
    René Descartes
46. **Do Contrato Social**
    Jean-Jacques Rousseau
47. **A Luta pelo Direito**
    Rudolf von Ihering
48. **Dos Delitos e das Penas**
    Cesare Beccaria
49. **A Ética Protestante e o Espírito do Capitalismo**
    Max Weber
50. **O Anticristo**
    Friedrich Nietzsche
51. **Os Sofrimentos do Jovem Werther**
    Goethe
52. **As Flores do Mal**
    Charles Baudelaire
53. **Ética a Nicômaco**
    Aristóteles
54. **A Arte da Guerra**
    Sun Tzu
55. **Imitação de Cristo**
    Tomás de Kempis
56. **Cândido ou o Otimismo**
    Voltaire
57. **Rei Lear**
    William Shakespeare
58. **Frankenstein**
    Mary Shelley
59. **Quincas Borba**
    Machado de Assis
60. **Fedro**
    Platão
61. **Política**
    Aristóteles
62. **A Viuvinha / Encarnação**
    José de Alencar
63. **As Regras do Método Sociológico**
    Émile Durkheim
64. **O Cão dos Baskervilles**
    Sir Arthur Conan Doyle
65. **Contos Escolhidos**
    Machado de Assis
66. **Da Morte / Metafísica do Amor / Do Sofrimento do Mundo**
    Arthur Schopenhauer
67. **As Minas do Rei Salomão**
    Henry Rider Haggard
68. **Manuscritos Econômico-Filosóficos**
    Karl Marx
69. **Um Estudo em Vermelho**
    Sir Arthur Conan Doyle
70. **Meditações**
    Marco Aurélio
71. **A Vida das Abelhas**
    Maurice Materlinck
72. **O Cortiço**
    Aluísio Azevedo
73. **Senhora**
    José de Alencar
74. **Brás, Bexiga e Barra Funda / Laranja da China**
    Antônio de Alcântara Machado
75. **Eugênia Grandet**
    Honoré de Balzac
76. **Contos Gauchescos**
    João Simões Lopes Neto
77. **Esaú e Jacó**
    Machado de Assis
78. **O Desespero Humano**
    Sören Kierkegaard
79. **Dos Deveres**
    Cícero
80. **Ciência e Política**
    Max Weber
81. **Satíricon**
    Petrônio
82. **Eu e Outras Poesias**
    Augusto dos Anjos
83. **Farsa de Inês Pereira / Auto da Barca do Inferno / Auto da Alma**
    Gil Vicente
84. **A Desobediência Civil e Outros Escritos**
    Henry David Toreau
85. **Para Além do Bem e do Mal**
    Friedrich Nietzsche
86. **A Ilha do Tesouro**
    R. Louis Stevenson
87. **Marília de Dirceu**
    Tomás A. Gonzaga
88. **As Aventuras de Pinóquio**
    Carlo Collodi
89. **Segundo Tratado Sobre o Governo**
    John Locke
90. **Amor de Salvação**
    Camilo Castelo Branco
91. **Broquéis/Faróis/Últimos Sonetos**
    Cruz e Souza
92. **I-Juca-Pirama / Os Timbiras / Outros Poemas**
    Gonçalves Dias
93. **Romeu e Julieta**
    William Shakespeare
94. **A Capital Federal**
    Arthur Azevedo
95. **Diário de um Sedutor**
    Sören Kierkegaard
96. **Carta de Pero Vaz de Caminha a El-Rei Sobre o Achamento do Brasil**
97. **Casa de Pensão**
    Aluísio Azevedo
98. **Macbeth**
    William Shakespeare

99. **Édipo Rei/Antígona**
Sófocles

100. **Lucíola**
José de Alencar

101. **As Aventuras de Sherlock Holmes**
Sir Arthur Conan Doyle

102. **Bom-Crioulo**
Adolfo Caminha

103. **Helena**
Machado de Assis

104. **Poemas Satíricos**
Gregório de Matos

105. **Escritos Políticos / A Arte da Guerra**
Maquiavel

106. **Ubirajara**
José de Alencar

107. **Diva**
José de Alencar

108. **Eurico, o Presbítero**
Alexandre Herculano

109. **Os Melhores Contos**
Lima Barreto

110. **A Luneta Mágica**
Joaquim Manuel de Macedo

111. **Fundamentação da Metafísica dos Costumes e Outros Escritos**
Immanuel Kant

112. **O Príncipe e o Mendigo**
Mark Twain

113. **O Domínio de Si Mesmo Pela Auto-Sugestão Consciente**
Émile Coué

114. **O Mulato**
Aluísio Azevedo

115. **Sonetos**
Florbela Espanca

116. **Uma Estadia no Inferno / Poemas / Carta do Vidente**
Arthur Rimbaud

117. **Várias Histórias**
Machado de Assis

118. **Fédon**
Platão

119. **Poesias**
Olavo Bilac

120. **A Conduta para a Vida**
Ralph Waldo Emerson

121. **O Livro Vermelho**
Mao Tsé-Tung

122. **Oração aos Moços**
Rui Barbosa

123. **Otelo, o Mouro de Veneza**
William Shakespeare

124. **Ensaios**
Ralph Waldo Emerson

125. **De Profundis / Balada do Cárcere de Reading**
Oscar Wilde

126. **Crítica da Razão Prática**
Immanuel Kant

127. **A Arte de Amar**
Ovídio Naso

128. **O Tartufo ou O Impostor**
Molière

129. **Metamorfoses**
Ovídio Naso

130. **A Gaia Ciência**
Friedrich Nietzsche

131. **O Doente Imaginário**
Molière

132. **Uma Lágrima de Mulher**
Aluísio Azevedo

133. **O Último Adeus de Sherlock Holmes**
Sir Arthur Conan Doyle

134. **Canudos - Diário de uma Expedição**
Euclides da Cunha

135. **A Doutrina de Buda**
Siddharta Gautama

136. **Tao Te Ching**
Lao-Tsé

137. **Da Monarquia / Vida Nova**
Dante Alighieri

138. **A Brasileira de Prazins**
Camilo Castelo Branco

139. **O Velho da Horta/Quem Tem Farelos?/Auto da Índia**
Gil Vicente

140. **O Seminarista**
Bernardo Guimarães

141. **O Alienista / Casa Velha**
Machado de Assis

142. **Sonetos**
Manuel du Bocage

143. **O Mandarim**
Eça de Queirós

144. **Noite na Taverna / Macário**
Álvares de Azevedo

145. **Viagens na Minha Terra**
Almeida Garrett

146. **Sermões Escolhidos**
Padre Antonio Vieira

147. **Os Escravos**
Castro Alves

148. **O Demônio Familiar**
José de Alencar

149. **A Mandrágora / Belfagor, o Arquidiabo**
Maquiavel

150. **O Homem**
Aluísio Azevedo

151. **Arte Poética**
Aristóteles

152. **A Megera Domada**
William Shakespeare

153. **Alceste/Electra/Hipólito**
Eurípedes

154. **O Sermão da Montanha**
Huberto Rohden

155. **O Cabeleira**
Franklin Távora

156. **Rubáiyát**
Omar Khayyám

157. **Luzia-Homem**
Domingos Olímpio

158. **A Cidade e as Serras**
Eça de Queirós

159. **A Retirada da Laguna**
Visconde de Taunay

160. **A Viagem ao Centro da Terra**
Júlio Verne

161. **Caramuru**
Frei Santa Rita Durão

162. **Clara dos Anjos**
Lima Barreto

163. **Memorial de Aires**
Machado de Assis

164. **Bhagavad Gita**
Krishna

165. **O Profeta**
Khalil Gibran

166. **Aforismos**
Hipócrates

167. **Kama Sutra**
Vatsyayana

168. **O Livro da Jângal**
Rudyard Kipling

169. **De Alma para Alma**
Huberto Rohden

170. **Orações**
Cícero

171. **Sabedoria das Parábolas**
Huberto Rohden

172. **Salomé**
Oscar Wilde

173. **Do Cidadão**
Thomas Hobbes

174. **Porque Sofremos**
Huberto Rohden

175. **Einstein: o Enigma do Universo**
Huberto Rohden

176. **A Mensagem Viva do Cristo**
Huberto Rohden

177. **Mahatma Gandhi**
Huberto Rohden

178. **A Cidade do Sol**
Tommaso Campanella

179. **Setas para o Infinito**
Huberto Rohden

180. **A Voz do Silêncio**
Helena Blavatsky

181. **Frei Luís de Sousa**
Almeida Garrett

182. **Fábulas**
Esopo

183. **Cântico de Natal/ Os Carrilhões**
Charles Dickens

184. **Contos**
Eça de Queirós

185. **O Pai Goriot**
Honoré de Balzac

186. **Noites Brancas e Outras Histórias**
Dostoiévski

187. **Minha Formação**
Joaquim Nabuco

188. **Pragmatismo**
William James

189. **Discursos Forenses**
Enrico Ferri

190. **Medeia**
Eurípedes

191. **Discursos de Acusação**
Enrico Ferri

192. **A Ideologia Alemã**
Marx & Engels

193. **Prometeu Acorrentado**
Ésquilo

194. **Iaiá Garcia**
Machado de Assis

195. **Discursos no Instituto dos Advogados Brasileiros / Discurso no Colégio Anchieta**
Rui Barbosa

196. **Édipo em Colono**
Sófocles

197. **A Arte de Curar pelo Espírito**
Joel S. Goldsmith

198. **Jesus, o Filho do Homem**
Khalil Gibran

199. **Discurso sobre a Origem e os Fundamentos da Desigualdade entre os Homens**
Jean-Jacques Rousseau

200. **Fábulas**
La Fontaine

201. **O Sonho de uma Noite de Verão**
William Shakespeare

202. **Maquiavel, o Poder**
José Nivaldo Junior

203. **Ressurreição**
Machado de Assis

204. **O Caminho da Felicidade**
Huberto Rohden

205. **A Velhice do Padre Eterno**
Guerra Junqueiro

206. **O Sertanejo**
José de Alencar

207. **Gitanjali**
Rabindranath Tagore

208. **Senso Comum**
Thomas Paine

209. **Canaã**
Graça Aranha

210. **O Caminho Infinito**
Joel S. Goldsmith

211. **Pensamentos**
Epicuro

212. **A Letra Escarlate**
Nathaniel Hawthorne

213. **Autobiografia**
Benjamin Franklin

214. **Memórias de Sherlock Holmes**
Sir Arthur Conan Doyle

215. **O Dever do Advogado / Posse de Direitos Pessoais**
Rui Barbosa

216. **O Tronco do Ipê**
José de Alencar

217. **O Amante de Lady Chatterley**
D. H. Lawrence

218. **Contos Amazônicos**
Inglês de Souza

219. **A Tempestade**
William Shakespeare

220. **Ondas**
Euclides da Cunha

221. **Educação do Homem Integral**
Huberto Rohden

222. **Novos Rumos para a Educação**
Huberto Rohden

223. **Mulherzinhas**
Louise May Alcott

224. **A Mão e a Luva**
Machado de Assis

225. **A Morte de Ivan Ilicht / Senhores e Servos**
Leon Tolstói

226. **Álcoois e Outros Poemas**
Apollinaire

227. **Pais e Filhos**
Ivan Turguêniev

228. **Alice no País das Maravilhas**
Lewis Carroll

229. **À Margem da História**
Euclides da Cunha

230. **Viagem ao Brasil**
Hans Staden

231. **O Quinto Evangelho**
Tomé

232. **Lorde Jim**
Joseph Conrad

233. **Cartas chilenas**
Tomás Antônio Gonzaga

234. **Odes Modernas**
Anntero de Quental

235. **Do Cativeiro Babilônico da Igreja**
Martinho Lutero

236. **O Coração das Trevas**
Joseph Conrad

237. **Thais**
Anatole France

238. **Andrômaca / Fedra**
Racine

239. **As Catilinárias**
Cícero

240. **Recordações da Casa dos Mortos**
Dostoiévski

241. **O Mercador de Veneza**
William Shakespeare

242. **A Filha do Capitão / A Dama de Espadas**
Aleksandr Púchkin

243. **Orgulho e Preconceito**
Jane Austen

244. **A Volta do Parafuso**
Henry James

245. **O Gaúcho**
José de Alencar

246. **Tristão e Isolda**
Lenda Medieval Celta de Amor

247. **Poemas Completos de Alberto Caeiro**
Fernando Pessoa

248. **Maiakósvski**
Vida e Poesia

249. **Sonetos**
William Shakespeare

250. **Poesia de Ricardo Reis**
Fernando Pessoa

251. **Papéis Avulsos**
Machado de Assis

252. **Contos Fluminenses**
Machado de Assis

253. **O Bobo**
Alexandre Herculano

254. **A Oração da Coroa**
Demóstenes

255. **O Castelo**
Franz Kafka

256. **O Trovejar do Silêncio**
Joel S. Goldsmith

257. **Alice na Casa dos Espelhos**
Lewis Carrol

258. **Miséria da Filosofia**
Karl Marx

259. **Júlio César**
William Shakespeare

260. **Antônio e Cleópatra**
William Shakespeare

261. **Filosofia da Arte**
Huberto Rohden

262. **A Alma Encantadora das Ruas**
João do Rio

263. **A Normalista**
Adolfo Caminha

264. **Pollyanna**
Eleanor H. Porter

265. **As Pupilas do Senhor Reitor**
Júlio Diniz

266. **As Primaveras**
Casimiro de Abreu

267. **Fundamentos do Direito**
Léon Duguit

268. **Discursos de Metafísica**
G. W. Leibniz

269. **Sociologia e Filosofia**
Émile Durkheim

270. **Cancioneiro**
Fernando Pessoa

271. **A Dama das Camélias**
Alexandre Dumas (filho)

272. **O Divórcio / As Bases da Fé / e outros textos**
Rui Barbosa

273. **Pollyanna Moça**
Eleanor H. Porter

274. **O 18 Brumário de Luís Bonaparte**
Karl Marx

275. **Teatro de Machado de Assis**
Antologia

276. **Cartas Persas**
Montesquieu

277. **Em Comunhão com Deus**
Huberto Rohden

278. **Razão e Sensibilidade**
Jane Austen

279. **Crônicas Selecionadas**
Machado de Assis

280. **Histórias da Meia-Noite**
Machado de Assis

281. **Cyrano de Bergerac**
Edmond Rostand

282. **O Maravilhoso Mágico de Oz**
L. Frank Baum

283. **Trocando Olhares**
Florbela Espanca

284. **O Pensamento Filosófico da Antiguidade**
Huberto Rohden

285. **Filosofia Contemporânea**
Huberto Rohden

286. **O Espírito da Filosofia Oriental**
Huberto Rohden

287. **A Pele do Lobo / O Badejo / o Dote**
Artur Azevedo

288. **Os Bruzundangas**
Lima Barreto

289. **A Pata da Gazela**
José de Alencar

290. **O Vale do Terror**
Sir Arthur Conan Doyle

291. **O Signo dos Quatro**
Sir Arthur Conan Doyle

292. **As Máscaras do Destino**
Florbela Espanca

293. **A Confissão de Lúcio**
Mário de Sá-Carneiro

294. **Falenas**
Machado de Assis

295. **O Uraguai / A Declamação Trágica**
Basílio da Gama

296. **Crisálidas**
Machado de Assis

297. **Americanas**
Machado de Assis

298. **A Carteira de Meu Tio**
Joaquim Manuel de Macedo

299. **Catecismo da Filosofia**
Huberto Rohden

300. **Apologia de Sócrates**
Platão (Edição bilingue)

301. **Rumo à Consciência Cósmica**
Huberto Rohden

302. **Cosmoterapia**
Huberto Rohden

303. **Bodas de Sangue**
Federico García Lorca

304. **Discurso da Servidão Voluntária**
Étienne de La Boétie

305. **Categorias**
Aristóteles

306. **Manon Lescaut**
Abade Prévost

307. **Teogonia / Trabalho e Dias**
Hesíodo

308. **As Vítimas-Algozes**
Joaquim Manuel de Macedo

309. **Persuasão**
Jane Austen

310. **Agostinho** - *Huberto Rohden*

311. **Roteiro Cósmico**
Huberto Rohden

312. **A Queda dum Anjo**
Camilo Castelo Branco

313. **O Cristo Cósmico e os Essênios** - *Huberto Rohden*

314. **Metafísica do Cristianismo**
Huberto Rohden

315. **Rei Édipo** - *Sófocles*

316. **Livro dos provérbios**
Salomão

317. **Histórias de Horror**
Howard Phillips Lovecraft

318. **O Ladrão de Casaca**
Maurice Leblanc

319. **Til**
José de Alencar

Série Ouro
(Livros com mais de 400 p.)

1. **Leviatã**
Thomas Hobbes

2. **A Cidade Antiga**
Fustel de Coulanges

3. **Crítica da Razão Pura**
Immanuel Kant

4. **Confissões**
Santo Agostinho

5. **Os Sertões**
Euclides da Cunha

6. **Dicionário Filosófico**
Voltaire

7. **A Divina Comédia**
Dante Alighieri

8. **Ética Demonstrada à Maneira dos Geômetras**
Baruch de Spinoza

9. **Do Espírito das Leis**
Montesquieu

10. **O Primo Basílio**
Eça de Queirós

11. **O Crime do Padre Amaro**
Eça de Queirós

12. **Crime e Castigo**
Dostoiévski

13. **Fausto**
Goethe

14. **O Suicídio**
Émile Durkheim

15. **Odisseia**
Homero

16. **Paraíso Perdido**
John Milton

17. **Drácula**
Bram Stoker

18. **Ilíada**
Homero

19. **As Aventuras de Huckleberry Finn**
Mark Twain

20. **Paulo – O 13º Apóstolo**
Ernest Renan

21. **Eneida**
Virgílio

22. **Pensamentos**
Blaise Pascal

23. **A Origem das Espécies**
Charles Darwin

24. **Vida de Jesus**
Ernest Renan

25. **Moby Dick**
Herman Melville

26. **Os Irmãos Karamazovi**
Dostoiévski

27. **O Morro dos Ventos Uivantes**
Emily Brontë

28. **Vinte Mil Léguas Submarinas**
Júlio Verne

29. **Madame Bovary**
Gustave Flaubert

30. **O Vermelho e o Negro**
Stendhal

31. **Os Trabalhadores do Mar**
Victor Hugo

32. **A Vida dos Doze Césares**
Suetônio

33. **O Moço Loiro**
Joaquim Manuel de Macedo

34. **O Idiota**
Dostoiévski

35. **Paulo de Tarso**
Huberto Rohden

36. **O Peregrino**
John Bunyan

37. **As Profecias**
Nostradamus

38. **Novo Testamento**
Huberto Rohden

39. **O Corcunda de Notre Dame**
Victor Hugo

40. **Arte de Furtar**
Anônimo do século XVII

41. **Germinal**
Émile Zola

42. **Folhas de Relva**
Walt Whitman

43. **Ben-Hur — Uma História dos Tempos de Cristo**
Lew Wallace

44. **Os Maias**
Eça de Queirós

45. **O Livro da Mitologia**
Thomas Bulfinch

46. **Os Três Mosqueteiros**
Alexandre Dumas

47. **Poesia de Álvaro de Campos**
Fernando Pessoa

48. **Jesus Nazareno**
Huberto Rohden

49. **Grandes Esperanças**
Charles Dickens

50. **A Educação Sentimental**
Gustave Flaubert

51. **O Conde de Monte Cristo (Volume I)**
Alexandre Dumas

52. **O Conde de Monte Cristo (Volume II)**
Alexandre Dumas

53. **Os Miseráveis (Volume I)**
Victor Hugo

54. **Os Miseráveis (Volume II)**
Victor Hugo

55. **Dom Quixote de La Mancha (Volume I)**
Miguel de Cervantes

56. **Dom Quixote de La Mancha (Volume II)**
Miguel de Cervantes

57. **As Confissões**
Jean-Jacques Rousseau

58. **Contos Escolhidos**
Artur Azevedo

59. **As Aventuras de Robin Hood**
Howard Pyle

60. **Mansfield Park**
Jane Austen